GW01085861

JVAB
Jüdischer Verlag
für Gemeindeliteratur

Jonathan Romain

Sprachlos Worte finden

Neue jüdische Gebete
für besondere Situationen

Aus dem Englischen von Annette M. Boeckler
Mit Illustrationen von Richard Ernst

JVAB
Jüdischer Verlag
für Gemeindeliteratur

© Annette Boeckler, 2015
published by JVAB
London
Deutsche Erstausgabe

Den Verlag erreichen Sie im Internet unter www.jvab.co.uk

Titel der englischen Originalausgabe: Really Useful Prayers. What to say when you don't know what to say. Edited by Jonathan Romain. Illustrations by Benedict Romain. London: The Movement for Reform Judaism, 2009.
© Jonathan Romain 2009 sowie die im Anhang genannten Autoren der Gebete.

© Illustrationen Richard Ernst 2015
  www.richard-ernst.de

Die Rechte der kommerziellen Vervielfältigung und Verbreitung sowie der Übersetzung oder Reproduktion in anderen Werken sind vorbehalten. Kein Teil dieses Werkes - weder Text noch Bild - darf daher in irgendeiner Form ohne schriftliche Genehmigung des Verlages reproduziert oder unter Verwendung elektronischer Systeme kommerziell verarbeitet, vervielfältigt oder verbreitet werden.

Gestaltung, Satz und Druckvorlage: Annette M. Boeckler
Illustrationen: Richard Ernst
Umschlaggestaltung: Annette M. Boeckler unter Verwendung
    eines Bildausschnitts von Richard Ernst

CIP
A catalogue record for this book is available from the British Library.

Romain, Jonathan
Sprachlos Worte finden. Neue juedische Gebete fuer besondere Situationen /
by Jonathan Romain. Illustrations by Richard Ernst. Translated into German by
Annette M. Boeckler. pages cm

ISBN 978-1-910752-05-0 (Geschenkausgabe gebunden,
    mit 28 farbigen Illustrationen)
ISBN 978-1-910752-06-7 (kindle, mit 18 Illustrationen)
ISBN 978-1-910752-07-4 (ePub, mit 18 Illustrationen)

1. Judaism. Prayers and devotions. 2. Life. Prayers and devotions. 3. Religion and
Spirituality I. Jonathan Romain. Translated by Annette M. Boeckler. Illustrations
by Richard Ernst. II. Title. [Really Useful Prayers. What to say when you don't
know what to say. German].

Vorwort

6. Geburt und Tod   **73**

7. Mit der Welt konfrontiert sein   **85**

Vorwort

Wenn Juden ein Defizit in ihren Gebeten haben, dann ist es dies: wir verlassen uns eher auf Texte, die bereits in unseren üblichen Gottesdiensten benutzt werden, als dass wir unsere eigenen formulieren würden. Nur selten beten wir spontan, auch im Gottesdienst nicht. Wenn ich am Schabbatmorgen meiner Gemeinde sage, dass wir jetzt einen Moment der Stille haben werden für unsere eigenen Gedanken, dann weist das übliche Blättern der Seiten darauf hin, dass die meisten es vorziehen, an den gedruckten Buchstaben zu kleben und nicht ins Persönliche abschweifen. Dies gilt auch für Rabbiner. Das wurde mir bei einem Interview in einem christlichen Radioprogramm bewusst. Kurz vor Ende sagte der Moderator: „Haben Sie herzlichen Dank, Herr Rabbiner Romain. Können Sie uns nun am Schluss kurz im Gebet leiten?" Pastoren und Priester sprechen ständig spontane Gebete. Sie schließen die Augen – im Radiostudio ebenso wie vor einer Besprechung oder an einem Krankenbett – und rufen Gott für irgendeine Sache an. Im Gegensatz dazu beten Rabbiner und Rabbinerinnen üblicherweise zu festen Zeiten und in diesen neigen sie dazu, ihr Gebetbuch herauszunehmen und auf einer bestimmten Seite aufzuschlagen. Da ich also mit einer solchen Einladung überhaupt nicht gerechnet hatte - und auch gerade kein Gebetbuch bei mir hatte -, starrte ich den Moderator einen Moment lang an und flüchtete mich dann schnell dazu, *Ose Schalom* in Hebräisch und in Englisch zu zitieren. Es hatte Wirkung, - so gerade eben, - doch es machte deutlich, wie ungewohnt wir es doch sind, Gebete auf Wunsch zu verfassen. Mir wurde klar, warum manche Christen von ihrem „Gebetsleben" reden, Juden aber nie.

Dieses Buch ist ein Versuch, das jüdische Gebetsleben zu erweitern und zu zeigen, dass auch jüdische Gebete alle Situationen abdecken können, wie persönlich und chaotisch sie auch sein mögen, nur eben nicht das offizielle Wochentags-, Schabbat- oder Festtagsgebet. Außerdem wurden diese Gebete neu verfasst. Sie zeigen also, dass wir nicht an Buchseiten kleben müssen, sondern für eine Vielzahl von Umständen auch unsere eigenen Gebete schreiben. In Hinblick auf unsere eigenen religiösen Gefühle und Bedürfnisse sind wir alle Experten. Der Erfolg dieses Buches wird sich daher nicht daran messen, ob Sie einige der abgedruckten Gebete bedeutungsvoll finden oder nicht, sondern ob diese Gebete Sie dazu inspirieren, eigene zu verfassen, sei es jetzt oder irgendwann in der Zukunft.

Die Gebete in diesem Buch wurden von 23 verschiedenen Rabbinern und Rabbinerinnen geschrieben. Sie unterscheiden sich daher erheblich in ihrem Stil, in ihrer Verwendung des Hebräischen und in der Art und Weise, wie Gott angeredet wird, ob sie zum Beispiel Gott direkt um Hilfe bitten oder aber Gott bitten, uns zu inspirieren, anderen zu helfen. Was die Verfasser und Verfasserinnen gemein haben ist, dass sie alle Mitglieder der englischen Rabbinerversammlung *Assembly of Reform Rabbis UK* sind. Zum anderen haben alle ihre Verfasserinnen und Verfasser Bedürfnisse entdeckt, die in den üblichen Gebetbüchern nicht angesprochen werden. Bei diesen Gebeten handelt es sich um Angebote, die hilfreich sein wollen, die aber nicht in Stein gemeißelt sind. Wenn also das allgemeine Thema eines bestimmten Gebets passt, doch bestimmte Zeilen nicht, dann können sie getrost ausgelassen oder entsprechend angepasst werden.

Diejenigen, die sich eingehender mit der jüdischen Vorstellung des Gebets beschäftigen möchten, seien auf das einleitende Kapitel in diesem Buch verwiesen. Es behandelt solche Themen wie: Warum beten wir? Welche Gebete funktionieren? Wofür beten wir nicht? Und wann geben wir auf? Wie die Gebete auf den folgenden Seiten, ist dies auch diese Einleitung eine persönliche Sicht, auch wenn sie in der jüdischen Tradition verwurzelt und durch viele Jahre Gemeindearbeit geprägt ist.

Mein Dank gilt all denen, die Gebete beigesteuert haben. Einige wurden vor etlicher Zeit aus eigenem Antrieb geschrieben, andere entstanden speziell für dieses Buch. Biographische Informationen über die Verfasserinnen und Verfasser, zusammen mit der Information, wer welche Gebete schrieb, finden sich am Ende des Buches. Die Idee zu diesem Buch entstand 2008 während einer jährlichen *Kallah* (Zusammenkunft) von Reform Rabbinern in *Charney Manor*, als wir die neue Ausgabe des Gebetbuchs für Schabbat und Wochentage, *Seder haTefillot Forms of Prayer*, besprachen. Wir dachten, dass viele andere Situationen angesprochen werden müssten, die jedoch dort nicht hinein passten und daher sollte dieses Buch diese Lücke füllen. Acht Gebete aus *Forms of Prayers* wurden jedoch in dieses Buch aufgenommen, weil sie das Thema des Buches sehr gut ergänzten. Ich danke dem *Movement for Reform Judaism* für die Erlaubnis, sie hier zu reproduzieren. Die Quellenangaben in den Fußnoten entstammen dieser Ausgabe. Ich danke ebenfalls *SCM Press* für die Erlaubnis, Material zu reproduzieren, das zuerst in ihren Publikationen erschienen war. In gleicher Weise gilt mein Dank *Liberal Judaism*. Dank gilt ebenfalls Paul Freedman, Raymond Goldman und Sybil Sheridan für das Korrekturlesen und Sylvia Morris für die technische Unterstützung [der englischen Originalausgabe „Really Useful Prayers", A.d.Ü.].

Die Wahl der Themen wurde von denen bestimmt, die die Gebete verfassten und einreichten. Viele beschäftigen sich mit Traumata und Krisen, die Menschen erfahren. Wir neigen dazu, uns mehr mit den Tiefen des Lebens zu beschäftigen als mit seinen Höhen, obwohl dieses Buch auch einige Gebete für frohe Situationen enthält. Vielleicht sagt dies etwas darüber, wann wir am meisten beten. Doch ein Funke der Hoffnung durchzieht alle Gebete, gepaart mit dem Wunsch nach persönlicher Erneuerung. Ich hoffe, dass dieses Buch diesen Zweck erfüllt.

Jonathan Romain
September 2009

Jüdisches Beten

Sprachlos Worte finden

Das Problem des Gebets

Beten ist schwer. Es gibt zwar die Meinung, jeder könne beten und es würde etwas mit uns nicht stimmen, wenn wir es nicht könnten. Was jedoch in Wirklichkeit nicht stimmt, ist diese Meinung. Es kann enorm schwer sein, sich zu öffnen, Gedanken in Worte zu fassen, tiefe Hoffnungen auszudrücken oder lähmende Angst. Als ein chassidischer Rebbe, der Zanzer Rebbe, einmal gefragt wurde, was er *vor* dem Beten täte, antwortete er: „Ich betete, dass ich beten kann." Ich selbst wurde stets von dem Ausspruch eines anderes Rebben, Mendel von Kotzk, sehr ermutigt, der erklärte: „Wer beten will, muss von einem gewöhnlichen Arbeiter lernen, der zuweilen den ganzen Tag braucht, um eine Tätigkeit vorzubereiten. Ein Holzfäller, der den größten Teil des Tages damit zugebracht hat, die Säge zu schärfen und nur in der letzten Stunde das Holz fällt, hat seinen Tageslohn wohl verdient." Wenige von uns haben so viel Zeit zur Verfügung, doch die Vorstellung, dass Erfolg nicht unmittelbar eintritt sondern oft erst nach längerer Vorbereitung, entspricht der Wahrheit.

Eine Geschichte über den Baal Schem Tov (Ukraine, 1698-1750) veranschaulicht dies. Er weigerte sich einmal, eine bestimmte Synagoge zu betreten, weil sie so „voller Gebet" war. Als er die erstaunte Reaktion seiner Schüler sah, erklärte er, dass so viel Routine und unwahre Gebete dort geplappert würden, dass sie den Weg zum Himmel verstopften und die Atmosphäre der Synagoge versteiften. Von hier ist es ein langer Weg bis hin zu Abraham Joshua Heschels (1907-1972) Äußerung: „Das Gebet ist unsere demütige Antwort auf die überwältigende Erfahrung des Lebens."[1] Sie zeigt, dass die Erfahrung des Gebets beides sein kann: frustrierend und inspirierend, sowie auch vieles zwischen diesen Extremen. Heschels Bemerkung zeigt auch, wie wichtig es nicht, sich nicht vom den Schwierigkeiten abschrecken zu lassen, nicht aufzugeben, sondern nach lohnenden Aspekten zu suchen. Das ist es, was die Verheißung im biblischen Buch Jeremia so ermutigend beschreibt: „Wenn ihr mich ruft und kommt und zu mir betet, dann werde ich euch hören. Und wenn ihr mich sucht, werdet ihr mich finden. – Wenn ihr mich von ganzem Herzen sucht, dann werde ich mich von euch finden lassen, spricht der Ewige." (Jeremia 29,12-14). Einer solchen Einladung ist es sicher wert, nachzugehen.[2]

---

1 Abraham Joshua Heschel. *Der Mensch fragt nach Gott. Untersuchungen zum Gebet und zur Symbolik.* Neukirchen-Vluyn: Neukirchener Verlag, 3. Aufl. 1993, S. 2.

2 Die genannten Zitate finden sich im Abschnitt „Meditations before Prayer" im Gebetbuch *Seder haTefillot. Forms of Prayer*, London: Movement for Reform Judaism, 2008, S. 10-28. Es lohnt sich, diesen Abschnitt in seiner Gesamtheit zu studieren.

Was ist Gebet?

Lasst uns mit der schwierigen Antwort beginnen und dann einige alternative Antworten prüfen. Nach Joseph H. Hertz (1872-1946), dem ehemaligen britischen Oberrabbiner und Herausgeber des sogenannten „Hertz Chumasch"[3], ist Gebet „ein Drang, der ewig aus des Menschen unstillbarem Glauben in einen lebendigen, allmächtigen und barmherzigen Gott entspringt, der Gebet hört und denen antwortet, die ihn in Wahrhaftigkeit anrufen. Es reicht von kaum artikulierten Bekenntnissen der Sünde bis hin zu jubilierenden Ausdrücken der freudigen Gemeinschaft mit Gott."[4] Anders gesagt: Gebet ist Gemeinschaft mit Gott, eine Jakobsleiter zwischen Himmel und Erde. Männer und Frauen versuchen, eine Beziehung mit ihrem Schöpfer herzustellen, suchen nach der ehrfurchtgebietenden Gegenwart, die wir nicht definieren können, von der wir aber spüren, dass sie da ist. Es ist das Zugeständnis, dass da etwas mehr zum Leben gehört als das, was wir sehen, berühren und manipulieren können, etwas, das die Menschheit klein erscheinen lässt und die Geschichte transzendiert.

Doch die Vorstellung von dem Gebet als etwas zwischen Mensch und Gott ist nur eine von vielen Vorstellungen im Rahmen des jüdischen Verständnisses von Gebets, das sehr viel mehr umfasst. Dies wird bereits deutlich, wenn wir die verschiedenen Begriffe betrachten, die wir benutzen. Das englische Wort „to pray" kommt vom Lateinischen *precare* und bedeutet „bitten" oder „flehen" [und das deutsche Wort beten – althochdeutsch *betōn* – ist eine Form des Worts „bitten", jedoch im religiösen Kontext]. Diese Begriffe vermitteln das Bild eines Menschen, der sein Herz Gott öffnet, mit erhobenen Armen und auf Knien (im Geiste, wenn nicht körperlich). Im Gegensatz dazu kommt das hebräische Wort für „beten" von dem hebräischen Verb *lehitpallel* und das bedeutet „sich selbst beurteilen". Hier erscheint das Gebet eine Art Selbstprüfung, nicht als Anrede an Gott. Ein Gebet, das wir am Schabbatmorgen rezitieren, *Ribbon haolamim...*, verdeutlicht dies. Es fragt: „Was sind wir? Was ist unser Leben? Was ist unsere Liebe? Was ist unsere Gerechtigkeit? Was ist unser Erfolg? Was ist unsere Kraft? Was ist unsere Macht?"[5] - Ich möchte nicht die Vorstellung vermitteln, als würde das jüdische Gebet Gott ignorieren und sei eine Art Selbst-Therapie, aber es enthält tatsächlich ein starkes Element kritischer Reflektion. Die Zeit des Gebets kann die einzige Gelegenheit sein, in der wir uns zwingen, unser Leben objektiv

---

3   J.H. Hertz, *Pentateuch and Haftorahs. Hebrew Text, Translation and Commentary*, London: Soncino, 1937. Diese Ausgabe der Tora wird in englischen Gemeinden neben dem neueren "Plaut Chumasch" und dem konservativen „*Etz Hayim. Torah and Commentary*" in Synagogen benutzt. Die Gemeinde studiert mit diesen Büchern den Text der Tora während dieser – in der Regel in Hebräisch - im Gottesdienst laut vorgetragen wird. [Anm. d. Ü.]
4   Joseph Hertz in seiner Einführung zu *The Daily Prayer Book*, London: Soncino, 1941.
5   *Seder haTefillot*. Das jüdische Gebetbuch. Hrsg. v. Jonathan Magonet mit Walter Homolka, Berlin: Union Progressiver Juden, 2010 (1. Aufl. Gütersloh 1997), S. 71. Siehe auch: *Forms of Prayer*, S. 167.

zu bedenken und zu prüfen, inwieweit wir gemäß der Ideale leben, denen wir uns verpflichtet fühlen und beschließen, die Kluft zwischen ihnen und dem tatsächlich gelebten Leben zu überwinden.

Doch es gibt darüber hinaus noch viele andere Gründe, warum Menschen beten. Einige denken dabei weder an Gott noch an sich selbst, sondern empfinden ein Gefühl der Gemeinschaft. Sie fühlen, dass dies die Art und Weise ist, durch die sie ihre jüdische Identität ausdrücken können. Sie genießen die Gemeinschaft, die durch den Synagogenbesuch entsteht, im Bewusstsein, dass jeder andere hier auf Dutzende andere mögliche Tätigkeiten verzichtet hat, um diese Zeit gemeinsam zu teilen, um die Worte und Atmosphäre wieder zu schaffen, die vergangene Generationen von Juden geprägt haben. Es ist kein Zufall, dass einige der zentralen Teile eines Gottesdienstes einen Minjan erfordern, eine Mindestzahl von zehn anwesenden jüdischen Erwachsenen. Wir können jederzeit alleine beten, doch es gibt besondere Vorteile des gemeinschaftlichen Gebetes. Wir tauchen ein in das Volk Israel, sowohl in unserer unmittelbaren Gemeinde und als auch in der jüdischen Gemeinschaft weltweit, und wir werden zum Klang der Familie Abrahams.

Andere Motivationen für das Gebet sind direkte Reaktionen auf Ereignisse, die in unserem Leben geschehen: sei es der Wunsch, nach einem Glücksfall zu danken oder für die Tatsache, dass wir immer noch am Leben sind und eine relative Gesundheit und Sicherheit genießen, trotz der vielen Dinge, die so leicht hätten schief gehen können. Oder es sind weniger glückliche Umstände, wie das Bedürfnis, sich in Zeiten des Traumas oder der Verzweiflung irgendwo hin zu wenden. Wie Abraham Lincoln – der kein regelmäßiger Kirchgänger war – einmal sagte: „Ich fühlte mich zu mancher Zeit in die Knie gedrückt durch die überwältigende Überzeugung, dass ich nirgends sonst hingehen kann."

Erstaunlicherweise wird das hebräische Wort für Gebet kaum in der Tora benutzt. Ein Grund dafür könnte sein, dass die biblischen Gestalten nicht in ritualisierter Weise zu Gott beten, sondern einfach nur mit Gott reden. Es ist mehr ein Gespräch als ein Akt des Flehens, verbunden mit einem Gefühl, dass Gott unmittelbar und nahbar ist. Darum vermutet der Midrasch (die Sammlung rabbinischer Legenden), eines der ersten Gebete sei die Diskussion über Sodom und Gomorra, in der Abraham Gott vorwarf: „Wirst Du wirklich den Gerechten mit den Bösen vernichten? Vielleicht sind dort fünfzig Gerechte in der Stadt ... Es ist Deiner unwürdig, so etwas zu tun, den Gerechten mit dem Bösen zu vertilgen ... Sollte der Richter der ganzen Erde nicht Gerechtigkeit üben?" (Genesis 18:23-25) Dies ist kein Gebet, sondern eine Beschimpfung, eine Auseinandersetzung, ein Streitgespräch, in dem Abraham Gott auf gleicher Ebene anredet. Es ist weit entfernt von der Vorstellung, dass wir die heulenden Elenden seien, die in Gottes Gegenwart nur auf die Knie fallen könnten. Abraham respektiert Gott, doch er buckelt nicht vor ihm. So auch wir: Wir mögen nur aufgrund des Lichtes Gottes leben, aber wir können es auf Gott zurückstrahlen.

Interessanterweise findet sich dieses Thema nicht in der Bibel, dafür hält es aber umso mehr im folgenden jüdischen Leben an. Ein anderes berühmtes Beispiel bietet Rabbi Levi Jitzchak von Berditschew, ein polnischer chassidischer Führer des 18. Jahrhunderts. Man sagt, dass er einmal an einem Jom Kippur gegen Ende des Gottesdienstes, als die Dunkelheit langsam hereinbrach, kurz vor dem Schließen der „Tore der Barmherzigkeit" sein Gebetbuch niederlegte, zum Toraschrein ging und Gott anredete: „Und nun lass uns untersuchen, was im Laufe des vergangenen Jahres passiert ist. Wir haben gesündigt … wir haben viele Fehler begangen … wir haben falsch gehandelt. Aber was ist mir dir? Du hast Erdbeben geschaffen und hast bewirkt, dass sich Krankheiten ausbreiteten. Witwen und Waisen wurden durch Dich vervielfacht. Es scheint, dass Du ebenfalls nicht so gut gehandelt hast. Lass uns einen Deal machen. Wir werden dir vergeben, wenn Du uns vergibst." Und offenbar wurde seine Bitte gewährt. Wie bei Abraham, ist auch dies ein Gebet, dass Gott sowohl anerkennt als auch herausfordert. Vielleicht ist es ein zu individualistischer Stil, um in einem gedruckten Gebetbuch benutzt zu werden, aber es ist gewiss angemessen für ein persönliches Gebet. Hierbei ist es wichtig zu beachten, dass das persönliche Gebet vieles sein kann. Es kann darin bestehen, die formalen Gebete aus dem Gebetbuch zu Hause zu rezitieren, in Tallit und Kippa gekleidet. Es kann aber ebenso auch bedeuten, eigene spontane Gebete zu sprechen, oder in tiefer Nachdenklichkeit zu verharren, in ein Lied auszubrechen, eine Melodie zu summen oder zu pfeifen oder zu tanzen – was immer unsere Hoffnungen und Befürchtungen, unsere Wünsche und Stimmungen am besten ausdrückt. So wie bei Abraham und Levi Jitzchak kann es eine Unterhaltung mit Gott sein, wie Tewje der Milchmann es tat, munter darauf los plappernd, Gott darüber informieren, was passiert, oder ihn zu befragen, gelegentlich zu beraten oder sogar das „gute Buch" zu zitieren. Obwohl Tewje ein erfundener Charakter ist, seine leichte Beziehung zu Gott verkörpert eine, die viele Menschen teilen oder gern teilen würden.

Zu wem beten wir?

Es ist hilfreich zu prüfen, an wen wir unsere Gebete eigentlich richten. Einfach zu sagen „Gott" reicht nicht, denn es gibt sehr viele verschiedene Versionen von Gott in der Bibel. Wir können uns vielleicht eher mit der einen identifizieren als mit einer anderen, oder wir verbinden mehrere zu bestimmten Zeiten oder schwanken zwischen ihnen, oder wir finden verschiedene Gottesbilder zu verschiedenen Phasen unseres Lebens passend. Wichtig ist: sie alle sind Aspekte Gottes und es ist nicht nötig, dass wir uns verpflichtet fühlen, uns in eine theologische Zwangsjacke zu pressen, sondern wir können mit Gott in je unserer eigenen Weise in Beziehung treten. Da ist Gott, der Schöpfer, die erste Ursache, die die Welt in Bewegung brachte, der verantwortlich ist für das Leben, wie wir es kennen. Dabei spielt es keine Rolle, ob dies durch Adam und Eva geschah oder durch eine Amöbe, sondern irgendwie, irgendwo war da eine schöpferische Kraft, die wir kurz „Gott" nennen. Dann gibt es Gott, den Erlöser, der nicht nur die Welt begründete, sondern sich auch in ihre Angelegenheiten einmischt, der Kain für den Mord verurteilt, den er beging, der Noah aufgrund seiner Gerechtigkeit rettete, der das Göttliche bekannt machte und gebietet, dass wir ihm folgen. Dann ist da der jüdische Gott, der mit Abraham einen Bund schloss, der verkündigte, dass Israel Gottes „Erstgeborener" ist, und der Israel für eine bestimmte Rolle auswählte. Es ist der Gott, mit dem wir eine besondere Familienbeziehung haben, unser Gott und der Gott unserer Vorfahren.

Daneben gibt es die Vorstellung eines persönlichen Gottes, der nicht nur majestätische Taten vollbringt, sondern mit einzelnen Männern und Frauen eine Beziehung hat. Der Gott, der in das Leben gewöhnlicher Menschen eintreten kann und ihnen erlaubt, mit etwas zu kommunizieren, das größer ist als sie selbst. Dann ist da der inwendige Gott, der zu Elija nicht im Sturm kam, nicht im Erdbeben, nicht im Feuer, sondern in einer zarten, sanften Stimme, der zu uns durch die stille Führung unseres Gewissens spricht, ein göttlicher Aspekt in uns, dem wir Aufmerksamkeit widmen können oder auch nicht. In all diesen Rollen kann Gott als der grimmige Richter erfahren werden oder als der beste Freund, als entfernter Gesetzgeber oder als intimer Liebhaber. Alle diese Aspekte sind derselbe Gott, aber sie zeigen sich zu verschiedenen Zeiten, so wie Eis, Hagel, Wasser und Schnee alle Formen derselben Substanz sind.

Während andere Religionen interne Kriege führten und Sekten über die Frage nach dem wahren und falschen Glauben über das Wesen Gottes verketzerten, hat das Judentum nie versucht, Gott in ähnlicher Weise festzulegen. Zusammen mit den obengenannten Vorstellungen ist dies der Grund, warum es möglich ist, sehr verschiedene gedankliche Bilder von Gott zu haben: Gott als Puppenspieler, der die Fäden bewegt, der die Welt kontrolliert und unser Leben ordnet; oder das genaue Gegenteil: Gott der Uhrmacher, der die Welt zusammensetzt, sie aufzieht, und sich dann zurückzieht um sie von alleine laufen zu lassen. Oder Gott der Kassierer einer Supermarktkasse: wir verbringen unsere Zeit damit, durch die Gänge zu gehen, dieses nehmen und jenes außer Acht zu lassen, zu tun was wir möchten, doch am Ende müssen wir alle zum Ausgang kommen und Gott addiert die Summe unseres Lebens. Oder Gott, die Quelle der Natur, die Regelmäßigkeit von Tag und Nacht, der Wechsel der Jahreszeiten, die Welt, von der wir erwarten, dass sie jeden Morgen, wenn wir aufwachen, immer noch da ist. Sie alle sind der jüdische Gott oder der Gott der Juden. Der Grund, warum das Judentum so gelassen über diese Vielfalt ist, ist dass es arrogant wäre zu sagen: *wir* wissen ganz genau, was Gott ist und was nicht, und *wir* können Gott definieren. Vielleicht sind die besten Worte, die wir mit Sicherheit über Gott sagen können, Worte über unsere eigene Beziehung mit Gott: wie sie ist und wie wir sie gerne hätten.

Für was beten wir?

In der festgelegten Liturgie des Gebetbuches gibt es drei Haupttypen des Gebets: Bitte, Lob und Dank – doch wie wir bereits gesehen haben, kann das persönliche Gebet ein viel breiteres Spektrum umfassen, vom „in Kontakt bleiben" bis hin zu Ausdrücken von Verwirrung und Zorn. Bittgebete stellen uns vor eine unmittelbare theologische Herausforderung: Wenn Gott allwissend ist, dann weiß Gott, was wir brauchen bevor wir es wissen. Warum also erzählen wir es Gott dann? Dies kann zu vielen Spekulationen über das Wesen der Vorherbestimmung führen. Wenn Gott nämlich vorherbestimmt hätte, dass das Gebet einer Person erhört werden wird, warum muss man es dann sprechen? Umgekehrt, wenn Gott vorherbestimmt hätte, dass es nicht erhört wird, dann wird das Sprechen des Gebets keine Wirkung haben und ist sinnlos. Doch wie die Bibel uns so oft erinnert, das, was wichtig ist, ist nicht, was Gott wissen muss, sondern das, was wir wahrnehmen sollen. Wenn Gott Adam im Garten Eden fragt: „Wo bist du?" (Genesis 3,9), dann geht es weniger darum, dass Gott informiert werden müsste, als vielmehr darum, dass Adam seinen eigenen Standort wahrnehmen soll.

Es ist richtig und daher natürlich, für das zu beten, was wir wirklich wollen, nicht nur für edle Ziele, von denen wir denken, wir sollten sie wollen, sondern für die Wünsche unseres Herzens. Das bedeutet, von sich selbst her zu denken, und es gibt keinen Grund, warum Gebet nicht selbstbezogen sein sollte, so lange es kein rein selbstsüchtiges Gebet ist und als solches keinen Raum für andere lässt. Das Gebet kann daher von allgemeinen Wünschen wie Glück oder Gesundheit bis hin zu sehr konkreten Anliegen reichen. Die Geschichte über die Synagoge, deren Schofarbläser kurz vor den Hohen Feiertagen starb, veranschaulicht dies. Die Gemeinde brauchte nun dringend Ersatz. Mehrere Kandidaten bewarben sich, sie alle waren musikalisch sehr fähig, und um zwischen ihnen wählen zu können, fragte der Rabbiner, was sie denken würden, während sie das Schofar am Neujahr bliesen. Der erste antwortete: „Ich werde mich auf die enorme Verantwortung konzentrieren, die ich habe, die richtigen Töne zu treffen." Ein anderer sagte: „Ich will mich daran erinnern, wie heilig dieser Moment ist und wie ehrfurchtgebietend diese Situation." Der dritte antwortete: „Ich werde an meine drei Kinder denken, für die ich nur mit aller größter Mühe Brot und Kleider kaufen kann und hoffe, dass Gott mir helfen wird." Der Rabbiner wählte den letzten mit dem Argument, dass dieser das Schofar mit dem größten Gefühl von Dringlichkeit und Nachdruck blasen würde.

Doch während wir Gott bitten können, um was immer wir wollen, ist es klüger, nicht für Unmögliches zu bitten, für magische Tricks, um die Wirklichkeit oder die Umstände zu verändern. Es ist vielmehr besser, für das Mögliche zu beten, für Wege, mit der Wirklichkeit umzugehen und für die nötigen Eigenschaften, um unter diesen Umständen zu helfen. Wenn wir mit einer größeren Krise konfrontiert sind, sei es zu Hause oder am Arbeitsplatz, dann hilft es wenig, dafür zu beten, dass sie sich im Nu in Wohlgefallen auflöst. Stattdessen sollten wir um die Kraft bitten, angemessen zu reagieren. Anstelle zu bitten: „Bitte, Gott, gib mir einen Glücksfall in meinem Verkaufsumsätzen", sollte man besser sagen: „Bitte, Gott, lass mich sehen, wie ich mich verbessern kann und gib mir die Zielstrebigkeit, die zum Erfolg führt." Oder um eine Situation zu nennen, mit der viele Menschen konfrontiert sind: Wenn ein Mensch, der uns nahe steht, im Sterben liegt und es offenkundig ist, dass er schwächer wird, dann ist wahrscheinlich besser, nicht um ein Wunder in letzter Minute zu beten, sondern dass dieser Mensch fähig ist, dem Tod ruhig zu begegnen, und dass wir den Mut haben, ohne ihn weiterzuleben. Auf diese Weise stärken wir uns beide und außerdem - dies in gleicher Weise wichtig, - bauen wir kein wahrscheinliches Versagen in unser Gebet ein, das uns dann enttäuscht, gerade zu einer Zeit, wenn wir am meisten unter Druck stehen. Oder man sollte ein Schulkind dazu anleiten, nicht zu beten, dass die Prüfungen am nächsten Tag ausfallen, sondern für die Fähigkeit, klar denken zu können. In anderen Worten: wir sollten um persönliche Qualitäten beten, nicht um unrealistische Erwartungen.

Dies ist kein neues Thema. Schon im Mittelalter bekämpften bereits Rabbiner unrealistische Gebete, denn uns wird berichtet: „Für das Unmögliche zu beten ist schändlich. Es ist, als hätte jemand 100 Maßeinheiten Getreide in eine Hütte gebracht und würde beten: Möge es Dein Wille sein, dass es 200 werden." (Tosefta Berachot 7). Und tatsächlich weist schon der allererste rabbinische Text darauf hin, dass selbst die frühesten Rabbinen darüber nachdachten, worüber man nicht beten sollte. Im fünften Jahrhundert war der Talmud bestrebt, mögliche zukünftige Märtyrer und Selbsthasser zu entmutigen und er erklärte, dass wir nicht darum beten sollten, dass ein guter Ausgang von uns genommen werde. Der Gedanke dahinter war, dass Selbstbedrängnis für das betreffende Individuum nicht gesund sei, zusätzlich zur Tatsache, dass eine solche Person zweifellos damit enden würde, eine Last für alle anderen zu sein (Ta'anit 22a).

Es gab ebenso eine klare Vorstellung über sinnlose Gebete, die von Anfang an nie hätten gesprochen werden sollen. „Wenn die Frau eines Mannes schwanger ist und er betet: ‚Gott möge geben, dass meine Frau einen Sohn gebiert', dann ist dies sinnlos (denn das Geschlecht ist zu diesem Zeitpunkt bereits bestimmt). Wenn er von einer Reise nach Hause kommt und verzweifelte Schreie in seiner Stadt hört und sagt: ‚Gott gebe, dass es nicht mein Haus betrifft', dann ist dies ein sinnloses Gebet (denn es ist bereits sein Haus oder auch nicht.)" (Berachot 54a). Die Rabbinen erwähnen eine weitere Art von Gebeten, die ähnlich spontan sind, und von dem sie entschieden, dass sie ausgeschlossen sind: unsere Feinde zu strafen, selbst wenn sie noch so unangenehm sind. Das Gebet für den Tod der Bösen ist verboten. Stattdessen sollten wir uns darauf konzentrieren, das Böse an sich auszutilgen, nicht die Bösen, die das Böse tun. Schließlich sagt der Sohar: Hätte Gott den Götzendiener Terach getötet, dann wäre sein Sohn Abraham nie geboren worden und es würde kein Volk Israel geben, keine Tora und keine Propheten.

Beantwortet Gott Gebete?

Ich möchte darauf hinweisen, dass nicht alle Juden an einen Gott glauben, der Einzelnen antwortet. Wie oben gesagt, Gott ist die Kraft hinter dem Universum, verantwortlich für eine erstaunliche Welt um uns herum und das Leben, das wir haben. Für einige Juden hat jener Gott kein persönliches Interesse an den Millionen von Menschen, die es gibt. Gottes ehrfurchtgebietende Größe liegt darin, einen Prozess begonnen zu haben, nicht darin, seine Ergebnisse zu überwachen. Sie geben sich daher damit zufrieden, Gott für das Dasein zu danken und sehen den Sinn zur Synagoge zu kommen darin, dass sie in der Gemeinschaft mit anderen Juden sind und so gemeinschaftliche Werte bekräftigen. Aber sie erwarten keine Audienz bei Gott oder dass sie von fern gehört würden. Dies wird nicht als Enttäuschung empfunden, sondern ist einfach eine Tatsache. Für sie kann Gott nicht sowohl das Himmelszelt aufspannen und gleichzeitig auf ihre besondere persönliche Stimme hören. Für andere jedoch ist die Herrlichkeit Gottes die, dass Gott sowohl transzendent als auch immanent ist, fern über uns und doch ansprechbar.

Auf die Frage, ob Gott Gebet beantwortet, lautet eine mögliche Antwort: „Manchmal". Manchmal scheinen unsere Gebete Erfolg zu haben, und was wir zu hoffen wagten, dass es geschehen würde, geschieht. Zu anderen Zeiten scheinen unsere Gebete überhaupt keine Wirkung zu haben. Doch dies ist immer noch eine Betrachtung mit dem sehr einfachen Maßstab von „Was ich wollte, geschah oder geschah nicht." Eine andere Betrachtungsweise ist, dass Gebet immer beantwortet wird, aber die Antwort manchmal auch „nein" lauten kann. Dies wirft die Frage auf, ob Gott launisch ist, indem er einige Gebete gewährt und andere nicht, wie ernsthaft auch immer sie gebetet worden sind und wie würdig auch immer der Beter war. Zwei Erklärungen bieten sich an: die eine ist, dass wir, obwohl wir für etwas beten, von dem wir denken, dass es uns guttut, es in Wirklichkeit nicht so wünschenswert sein kann oder sogar schädlich in einer Weise, die wir nicht vorhersehen konnten. Um ein ganz drastisches Beispiel zu nennen: Man denke an alle jene, die in einem Verkehrstau steckten auf ihrem Weg zum Flughafen, leidenschaftlich betend, dass sie ihren Flug nicht verpassen würden, ihn jedoch verpassten und dann plötzlich erleichtert sind, als sie erfahren, dass dieses Flugzeug abgestürzt ist. Die andere Möglichkeit ist, dass das Gebet der einen Person mit dem einer anderen in Widerspruch steht. Wenn also ein Bauer und ein Regenschirmhersteller nebeneinander in der Synagoge stehen, und der erste um Sonne betet und der zweite um Regen, dann muss einer von ihnen enttäuscht werden.

Man hört oft auch das Beispiel einer Fliege, die auf einem Farbklecks auf einem Rembrandt landet. Die Fliege kann in diesem Kleks keinen Sinn sehen und betrachtet ihn lediglich als großes Hindernis ihres Fortkommens. Doch ein Mensch, der das Entstehen des Gemäldes von Ferne beobachtet, weiß, dass ohne diesen besonderen Klecks das gesamte Bild unvollständig wäre. Dies ist ein Beispiel, dass wir sowohl zutiefst ärgerlich als auch sehr hilfreich finden, abhängig von unserer jeweiligen Stimmung in jenem Moment. Ähnlich ist auch die Vorstellung, wir sähen die Rückseite einer Stickerei und nehmen nur ein wüstes Chaos war. Doch wenn wir sie umdrehen, ist auf der anderen Seite eine wunderschöne Szene gestickt. Beides ist wahr, insofern es vieles im Leben gibt, das uns frustriert und gegen das wir ankämpfen. Aber unsere Sichtweise ist begrenzt und unsere Gebete würden anders lauten, wenn wir das Gesamtbild sehen könnten. Dies ist jedoch keine Anweisung zur Selbstzufriedenheit und dazu, lediglich zu akzeptieren, was uns auf dem Weg begegnet. Es mag gute Gründe geben, aufgebracht oder wütend zu sein, über uns selbst oder andere, und selbst wenn das Ergebnis auf lange Sicht unbekannt bleibt, können wir doch immer um Veränderung beten, und selbst verändernd aktiv werden. Gerade weil wir nicht wissen, was die Zukunft birgt, müssen wir versuchen, sie so gut wir es können zu gestalten. Gebet kann eine Art und Weise dessen sein, und wie der englische Dichter Alfred Tennyson (1809-1892) uns nachdrücklich in Erinnerung ruft:

„Mehr wurde durch Gebet errungen
als die Welt es sich erträumen kann.
Lass darum Deine Stimme strömen
wie eine Quelle, Tag und Nacht."[6]

Selbst wenn also eine konkrete Bitte, die wir machten, nicht gewährt wurde, - und dies gilt auch für diejenigen, die nicht an einen Gott glauben, der Individuen antwortet, - das Gebet kann dennoch in vielerlei Hinsicht nützlich gewesen sein. Es hat uns gezwungen, uns auf unsere Bedürfnisse zu konzentrieren und unsere Hoffnungen ausdrücken. Es hat Gedanken klarer gemacht und die Richtung gewiesen, in die wir gehen sollten. Es hat uns unserer Grenzen bewusst gemacht, es erzeugte die Demut, um Hilfe zu bitten, und es hat die Charaktereigenschaften in den Vordergrund gebracht, die uns befähigen werden, uns jenen Herausforderungen zu stellen. Das Gefühl, Gott angesprochen zu haben, kann uns ein Gefühl der Befreiung und Entlastung geben. Wie der englische Dichter George Meredith (1828 - 1909) einmal sagte: „Wer sich vom Gebet erhebt als ein besserer Mensch, dessen Gebet wurde erhört."[7]

6   Alfred Tennyson, Morte D'Arthur, 1.247-9.
7   Zitiert in Louis Jacobs, *Jewish Prayer,* London: Jewish Chronicle Publications, 1962. Ich verdanke diesem Buch viele Hinweise auf literarische und rabbinische Zitate. [Alle deutschen Übersetzungen der hier zitierten Texte stammen von A.M. Boeckler.]

Warum Gott preisen?

Die zweite Art der drei traditionellen Typen des Gebets – Bitte, Lob und Dank – scheint einfach. Ein typisches Beispiel ist das Kaddisch, das uns drängt zu "preisen ... loben ... verherrlichen ... erheben ... verehren ... rühmen ... feiern ... besingen ... und preisen den Heiligen, dessen Name gepriesen sei." Es geht kaum emphatischer. Doch auch hier stellen sich schwierige Fragen. Die erste ist: Wer sind *wir*, dass wir Gott loben könnten? Wie können wir, die wir endlich und sterblich sind, uns an einen Gott richten, der unendlich ist und ewig? Alles, was wir sagen, muss zwangläufig unangemessen sein und hinter Gottes wahrer Größe zurückbleiben. Auf der anderen Seite würde nichts zu sagen den Anschein wecken, als ließen wir Gottes Herrlichkeit außer Acht, was ebenso falsch wäre. Also ist die Antwort, unser Lob einfach zu wagen, aber mit der Vorsicht, dass dies nur Versuche sind, die nie vollkommen treffen werden. Daher beginnt das *Alenu* Gebet mit der Aussage: "Es ist unsere Pflicht, den Herrscher von allem zu preisen, und die Größe des Schöpfers aller Anfänge anzuerkennen." Doch eine andere Schwierigkeit ist, dass wir unvermeidlich von Gott in menschlichen Begriffen denken. Das ist der begrenzte Bereich unseres Wortschatzes. Er birgt die Gefahr einer zu großen Vermenschlichung Gottes, eine Tendenz, die den französischen Dichter Voltaire (1694 - 1778) zu dem Ausspruch veranlasste: "Gott schuf den Menschen in seinem eigenen Bilde, und der Mensch erwiderte das Kompliment." Doch das Judentum bewegte sich stets weg von der Denkweise der Griechen und Römer, die nicht nur ihren Gottheiten menschliche Wesenszüge gaben - einschließlich solcher Laster wie Eifersucht, Lust und Rausch -, sondern sie auch mit menschlichen Körpern darstellten. Der jüdische Gott ist unkörperlich, ohne Form, jenseits von Beschreibungen und kann nicht in einem Satz erfasst werden.

Trotzdem bleiben wir darin verhaftet, dass dem menschliche Bewusstsein nur seine eigenen Erfahrungen zur Verfügung stehen. Die Bibel ist voller Anthropomorphismen (Vermenschlichungen Gottes). Gott spaziert im Garten Eden herum, bedeckt Moses mit seiner Hand, er sitzt auf einem Thron (Gen 22,8; Exodus 33,22; Jesaja 6,1). Kein Wunder, dass manch ein Toraschrein in einer Synagoge die hebräischen Worte enthält: "Wisse, vor wem Du stehst." Es ist der Versuch, beides zu verstehen: wer oder was Gott ist, aber auch wer oder was Gott nicht ist. Vielen jedoch geht es weniger darum, das Wesen Gottes zu definieren, als darum, eine Beziehung mit Gott herzustellen. Dies veranlasste den deutschen Philosophen Martin Buber (1878 - 1965) dazu, einer Ich-Du Beziehung einen höheren Wert beizumessen als einer Ich-Es Beziehung. In der letzteren geht es um Nützlichkeit, in der ersten um Intimität. Wir sind voller Ehrfurcht vor Gott, doch auch gleichzeitig in Beziehung mit Gott. Wir sind ein winziges Teilchen im Universum, doch gleichzeitig auch im Zentrum von Gottes Aufmerksamkeit. Diese Komplexität findet ihren Ausdruck in der seltsamen Form der meisten hebräischen Lobsprüche: "Gepriesen seist *Du* (2. Person, mit einem Hang zum Familiären), unser Gott, *Regent der Welt*, der uns durch seine Gebote (3. Person, distanzierter) geheiligt hat ..." Es unterstreicht, dass wir Gott aufgrund seiner Taten kennen können, aber Gottes Wesen können wir nicht kennen. Wie der frühere englische Oberrabbiner Dr Joseph Hertz einmal sagte: „Wir kennen Gott durch die Fußstapfen, die er in der menschlichen Geschichte hinterlässt, wie ein Schiff, dass hinter dem Horizont aus der Sicht verschwunden ist, dessen Wellen aber immer noch sichtbar sind."

Dies aber wirft die Frage auf: Wenn unsere Versuche zu preisen zwangsläufig so unangemessen sind, was ist dann ihr Sinn? Die eine Antwort ist: Mehr als dass Gott sie empfangen muss, haben wir es nötig, sie zu äußern. Sie erheben unser Gemüt zu hohen Idealen. Indem wir von Gott als barmherzig reden, als mitleidend und gerecht, erinnern wir uns selbst daran, dass solche Eigenschaften es wert sind, auch unsere eigenen zu sein. Es bestärkt die Vorstellung, dass wir danach streben sollen, Gott ähnlich zu sein. Es rückt das biblische Gebot der *imitatio dei* (der Nachahmung Gottes) in den Vordergrund: „Ihr müsst heilig werden, denn ich, der Ewige, euer Gott, bin heilig." (Levitikus 19,2). Für andere gibt es einen tieferen Aspekt. Gott mag unabhängig von Menschen existieren, aber so lange die Menschen Gottes Existenz nicht anerkennen, so lange existiert Gott auch nicht für sie. Diese kühne Vorstellung, Gott sei von Menschen abhängig, bringt ein alter Midrasch zum Ausdruck, *Pesikta de Rav Kahana*, wo Rabbi Schimon bar Jochai den Bibelvers kommentiert: „Ihr seid meine Zeugen, sagt der Ewige, und ich bin Gott." „Dies bedeutet: Wenn ihr Zeugnis von mir abgebt, dann bin ich der Ewige. Aber wenn ihr nicht meine Zeugen seid, dann bin ich auch nicht der Ewige."

Müssen wir Gott danken?

Während Lobpreis das Wesen und die Macht Gottes widerspiegeln, bringen Dankgebete zum Ausdruck, was uns erfreut und benennt Dinge, aus denen wir persönlich Nutzen ziehen. Einige von ihnen thematisieren Gottes Eigenschaften, die uns gemeinsam betreffen, andere sind persönlicher. Wie der Lobpreis dienen sie stärker dazu, unser eigenes Bedürfnis zum Ausdruck zu bringen, als dass Gott sie hören müsste. Sie schaffen ein feineres Gespür für die Wunder des Lebens, die wir in der Regel nur anerkennen, wenn wir sie zu verlieren drohen. Sie erinnern uns daran, uns an dem zu erfreuen, was so gewöhnlich ist und alltäglich: der Auf- und Untergang der Sonne, die Güte des Brotes, das wir essen, und neu zu sehen, was so leicht als selbstverständlich hingenommen wird. Wie die englische Dichterin Elizabeth Barrett Browning (1806-1861) sagte: „Die Erde ist voller Himmel. Jeder gewöhnliche Strauch brennt mit Gott. Doch nur wer hinschaut, zieht seine Schuhe aus. Die anderen hocken um ihn herum und pflücken Brombeeren." Dankgebete erinnern uns also daran, dass das Leben genossen werden soll, nicht verleugnet. Es gibt keinen Grund, warum wir nicht Nutzen ziehen sollten aus den materiellen Gütern und Genüssen, die uns zur Verfügung stehen, so lange dies nicht dazu führt, dass wir uns selbst schaden oder es auf Kosten anderer geschieht. Wie der Talmud uns lehrt: In der kommenden Welt wird eine Person zur Rechenschaft gezogen werden für alles Gute, das wir hätten genießen können, aber unbeachtet ließen.

Doch was geschieht, wenn wir Gefühle haben, die uns nicht zum Dank reizen? Wenn wir von Menschen verletzt wurden, verwundet sind von der Welt oder uns von Gott im Stich gelassen fühlen? Eine Reaktion ist, Unglück einfach hinzunehmen – entweder (deterministisch) als Wille Gottes oder (vom Gesichtspunkt eines freien Willen aus) als die Weise, in der die Dinge sich entwickelt haben. Dies kommt zum Ausdruck in einem bemerkenswerten Lobspruch, der widersprüchlich zu sein scheint, ein Lobspruch für das Hören einer schlimmen Nachricht. Während man erwartet hätte, nach einer schlechten Nachricht wütend zu sein, werden wir dazu gedrängt, uns mit ihr abzufinden: „Gepriesen seist Du, Ewiger, unser Gott, Regent der Welt, der wahre Richter." Doch es gibt noch eine andere Antwort. Anstatt dass wir uns dem Lauf der Welt unterwerfen, können wir dagegen protestieren und gegen das, was Gott verursacht oder zugelassen hat, rebellieren. So weigerte sich Choni der Kreiszieher, eine Dürre zu akzeptieren, die im 1. Jahrhundert in Israel sehr viel Leid verursachte. Er zog einen Kreis um sich herum und sagte Gott, dass er sich weigere, aus diesem Kreis herauszutreten, solange Gott nicht Regen bringen würde. Und da regnete es. - Wir mögen solche Fähigkeiten nicht haben, aber uns stehen andere Wege offen, uns mit den Problemen unserer Zeit auseinanderzusetzen – sei es durch Gebet oder durch Taten oder durch beides – um zu versuchen, die Welt, in der wir leben, zu verbessern, so dass wir Gott wirklich danken können und nicht gewisse Gebete auslassen müssen, weil sie uns im Halse stecken bleiben.

Schwierigkeiten mit dem Gebet zu haben bedeutet nicht Vermeidung oder Verleugnung. Die Fähigkeit, unsere negativen Gefühle auszudrücken – sei es Enttäuschung, Frustration oder Wut – ist wichtig. Andernfalls ist es keine volle und offene Beziehung. Darum scheute David sich nicht, seiner Not im Gebet Ausdruck zu verleihen indem er klagte: „Warum hast Du mich vergessen? Warum muss ich betrübt umhergehen, bedrängt von meinen Feinden?" (Psalm 42,10). Er wusste, dass es vollkommen natürlich ist, zornig zu sein; die eigentliche Frage ist, wie wir mit unserem Zorn umgehen. Es ist ein Thema, das uns jedes Mal begegnet, wenn wir den Abschnitt am Ende des Tischdanks nach dem Essen rezitieren: „Ich war jung, nun bin ich alt, und ich sah nie einen Gerechten verlassen." (Psalm 37,25). Die eine Tradition ist es, dies nur leise zu lesen, weil es nicht wahr ist und viele Gerechte litten und leiden. Eine andere Tradition ist, dies laut zu sagen, weil wir das Kommen der Zeit beschleunigen wollen, in der es wahr sein wird und um uns selbst an die persönliche Herausforderung zu erinnern, es wahr zu machen.

Ist Beten Pflicht?

Es gibt ein Problem mit unserem Festhalten an bestimmten Gebetszeiten, sei es das Wochentags-, Schabbat- oder Festtagsgebet. Wenn Gebet bedeutungsvoll sein soll, muss es freiwillig sein. Doch die jüdische Tradition betrachtet es ebenso als Pflicht, unabhängig davon in welcher Stimmung wir gerade sind. Maimonides schloss die Pflicht zu beten in seine Liste der 613 Gebote ein. Er leitete es her von „Dem Ewigen, eurem Gott, sollt ihr dienen" (Exodus 23,25). Dies scheint von der Ernsthaftigkeit des Gebets abzulenken, doch genauso kann man auch argumentieren, dass beten ohnehin unser natürlicher Drang ist, und es daher nur hilfreich für uns ist, dass das Judentum die Struktur bereitstellt und die Disziplin, durch die wir den Wunsch, mit Gott zu kommunizieren, erfüllen können. Obwohl es vorgeschriebene Zeiten gibt, soll uns das nicht daran hindern, zusätzlich auch zu anderen Zeiten zu beten, wann immer wir es möchten. Die Wahl gilt auch im Bezug auf die Sprache, in der wir beten. Nachdem das Hebräische für viele Juden nicht mehr die Umgangssprache ist, gab es Forderungen nach Gebeten in der Muttersprache. Darum wurden seit dem 2. Jahrhundert einige Gebete in Aramäisch verfasst. Berühmte Beispiele reichen vom *Kaddisch* bis zu *Kol Nidre* und *Chad Gadja*. Das Ergebnis einer Diskussion im Talmud ist, dass das Gemeindegebet auch in der Landessprache gesagt werden kann, aber die privaten Gebete sollten hebräisch sein. (Sota 32b). Doch die Meinung der Minderheit war, dass es umgekehrt sein sollte, und dies wurde der Brauch seit der Entstehung des liberalen Judentums in Deutschland in der Mitte des 19. Jahrhunderts.

Die Landessprache zu verwenden ist von doppeltem Vorteil: zum einen befähigt es jene, die kein Hebräisch können, ebenfalls teilzuhaben; zum anderen können nun alle die Worte verstehen, die sie beten. Und schließlich gilt auch dies: Als Mosche die Zehn Gebote verkündigte oder David seine Psalmen schrieb, taten sie dies nicht in Hebräisch weil es eine heilige Sprache war, sondern weil es ihre natürliche Sprache war. Doch es gibt auch gewichtige Argumente dafür, ein bestimmtes Maß an Hebräisch im Gottesdienst zu haben. Zum einen sind Texte gewöhnlich in der Sprache, in der sie verfasst wurden, am besten. Hebräische Gebete bergen Assoziationen und klingen in einer Weise, die in einer Übersetzung verloren geht. Ein anderer Aspekt ist, dass Hebräisch für Juden eine universale Sprache ist, und dass, wenn ein Jude aus England eine Synagoge in Japan besucht und dort neben jemanden aus Russland steht, beide in der Lage sind, demselben Gottesdienst zu folgen und sich in gleicher Weise zuhause fühlen. Dazu kommt, dass für einige, der Reiz des Hebräischen gerade darin liegt, dass sie es nicht verstehen. Sie könnten nämlich in der Tat dem nicht zustimmen, was die Übersetzung sagt – schließlich wurde das Gebet von jemanden in einer völlig anderen Zeit geschrieben – aber sie können im Klang des Hebräischen das wiederfinden, was sie fühlen und sie benutzen den Klang als Vehikel für das, was sie in ihrer Muttersprache nicht in Worte fassen können.

Ist Beten in Gemeinschaft besser als alleine?

Wenn das Gebet doch so persönlich ist, warum liegt dann die jüdische Betonung auf dem Gemeindegebet? Dies ist, wie so oft, keine neue Diskussion. Sie fand bereits vor langer Zeit im Talmud statt. Während einer Diskussion über das Thema behauptete Rabbi Jitzchak, das Gemeindegebet stehe in seinem Wesen höher, denn es wird durch die göttliche Gegenwart begleitet. Er führt als Beweis an: „Gott seht in göttlicher Gemeinde" (Psalm 82,1). Ob man nun argumentiert, dies bedeute eine Mindestzahl von 10 erwachsenen Männern (so die orthodoxe Interpretation) oder von 10 Juden (so die liberale Interpretation), zeigen beide Varianten eine deutliche Bevorzugung des Betens in Gemeinschaft mit anderen. Doch Raw Aschi zitierte einen anderen Bibelvers, um zu beweisen, dass Gottes Gegenwart auch mit einem einzelnen Individuum ist: „An allen Orten, wo ich meinen Namen zu nennen verordnen werde, will ich zu dir kommen und Dich segnen." (Exodus 20,21). Welche Weise ist nun also vorzuziehen? Der Talmud entscheidet, dass beide gültig sind, aber „zu einer Versammlung in der Synagoge kommt die göttliche Gegenwart zuerst, und erst danach auch zu einer Einzelperson." (Berachot 6a).

Es ist gewiss wahr, dass das Gemeindegebet manche Vorzüge hat. Ein pragmatischer Aspekt ist die Disziplin, die es mit sich bringt: wenn andere uns dort erwarten, dann gehen wir. Ohne diese Struktur und mit so vielen anderen Ablenkungen zur Verfügung, kann es dagegen leicht passieren, dass Dinge weggleiten und unsere Gebetzeit dann einfach nicht stattfindet. Ein weiterer Aspekt ist, dass das Gemeindegebet zu einer erhabeneren Atmosphäre führen kann. Durch das Zusammensein mit anderen wird unsere eigene persönliche Stimmung auf einem Flügel des gemeinschaftlichen Gebets aufgerichtet und kann mit zusätzlicher Lebensfreude erfüllt werden, die sonst nicht eintreten würde. Umgekehrt kann unsere Gegenwart anderen helfen und jene, die müde oder niedergeschlagen kamen, können neue Kraft bekommen oder aufgemuntert werden durch die Atmosphäre, die mit unserer Anwesenheit dort entsteht. Obwohl wir alle in der Hoffnung zum Gottesdienst gehen, dort in irgendeiner Weise etwas zu gewinnen, gilt es ebenso – um den Slogan anzupassen – „Frage nicht, was der Rest der Gemeinde dir gibt, sondern was Du dem Rest der Gemeinde geben kannst." Durch die Betonung des gemeinschaftlichen Aspektes erhöhte Rabbi Jizchak den Einsatz und erklärte: „Wenn ein Mensch es gewohnt ist, regelmäßig eine Synagoge zu besuchen und an einem Tag nicht geht, dann wird der Heilige, gepriesen sei er, nach ihm fragen." (Berachot 6b). In der Tat, es ist eine zwiespältige Sache: einerseits bedeutet es, wenn wir abwesend sind, dann lassen wir nicht nur unsere Mitmenschen im Stich, sondern enttäuschen auch Gott. Andererseits weist es darauf hin, dass Abwesenheit in der Synagoge ein uraltes Thema ist und die Rabbinen schon immer nach Wegen suchten, sie zu bekämpfen.

Dennoch, so viele Vorteile das gemeinschaftliche Gebet hat, jede und jeder hat seine eigenen persönlichen Bedürfnisse und es gibt immer eine Phase im Gottesdienst, wo es einen Moment der Stille gibt für private Gedanken. Die Tatsache, dass viele Menschen in diesem Moment einfach fortfahren, die gedruckten Texte zu lesen, lässt vermuten, dass viele von uns die Fähigkeit, persönlich zu beten, verloren haben.

Wir können beten in extremen Momenten, angesichts von Gefahr. Das Gebet ist dann ein akuter Schrei um Hilfe. Doch viele von uns finden es nicht leicht, ohne die Stütze vorgegebener Worte zu Gott zu reden. Dies ist umso bedauerlicher angesichts der Tatsache, dass historisch betrachtet das gemeinschaftliche Gebet eine späte Entwicklung war. Das persönliche Gebet kam zuerst. Viele der frühen biblischen Gestalten beteten alleine, nicht mit Familie oder Freunden. Es war selten im Einklang mit anderen, mit einer bemerkenswerten Ausnahme: das Lied am Meer (Exodus 15). Doch trotz der Betonung auf der Gemeinschaft, wenn wir nicht in der Lage sind, die Pflichtgebete der Synagoge zu besuchen, zum Beispiel am Freitagabend, dann sollten wir sie für uns selbst zuhause rezitieren. Es ist eine sehr gute Tradition, dies zu derselben Zeit zu tun, in der die Gemeinde ihre Gebete beginnen würde. Es bedeutet, dass selbst obwohl wir räumlich von ihnen getrennt sind, wir dennoch in Gedanken mit ihnen vereint sind und uns mit ihnen identifizieren.

Wie betet man?

Manchmal ist das scheinbar Klare überhaupt nicht klar. Wir können natürlich das Gebetbuch auf der ersten Seite aufschlagen und zu lesen beginnen. Doch, wie wir gesehen haben, geht es nicht darum, eine Seite von oben bis unten durchzulesen, sondern darum, zu meinen, was wir lesen. Darum legen die Rabbinen so einen Wert auf die *Kawwana* (Konzentration), so dass wir uns wirklich mit dem auseinandersetzen, was die Gebete sagen, mit unserem Bewusstsein denken, was unsere Lippen rezitieren. Es ist klar, die Tatsache, dass die Rabbinen dies oft erwähnen, geschieht nur deshalb, weil es so leicht ist das Gegenteil zu tun –den Text zu lesen, aber unsere Gedanken schweifen ab und wechseln zum „liturgischen Autopiloten". Dies war einer der Gründe, warum das liberale Judentum die Länge des Schabbat-Morgengottesdienstes von drei oder vier Stunden wesentlich zusammenkürzte. Man wollte es den Menschen ermöglichen, sich zu konzentrieren. Besser eine Stunde ernsthaft beten als mehrere Stunden lang ziellos herumsitzen. Selbst eine Stunde gute Konzentration kann sehr schwer sein, und nicht selten erreichen wir das Ende eines Textes ohne uns an ein Wort zu erinnern, weil unsere Gedanken woanders waren. In diesem Fall, gehe einfach zurück im Ablauf des Gottesdienstes und greife das Thema wieder auf. Was zählt ist das, worauf wir uns konzentrieren, nicht das, was wir zu sprechen versäumten. Als die Rabbinen gefragt wurden, ob eine Person, die ihr Gebet gedankenlos verrichtet habe, zurückkehren solle um es zu wiederholen, waren die Rabbinen realistisch genug zu akzeptieren, dass wir keine konstante religiöse Höhe halten können. Sie verlangen daher nur, dass ein gewisses Minimum erreicht werden sollte und bemerkenswerterweise definierten sie dies als die erste Zeile des *Sch*e*ma* („Höre Israel") und den ersten Abschnitt der *Amida* (18-Bitten-Gebet/*Tefilla*). Dabei dachten sie anscheinend nicht nur an andere, sondern auch an sich selbst. In einer bemerkenswerten Diskussion im Jerusalemer Talmud sagte Rabbi Chija, dass er es nie schaffe, sich voll auf einen gesamten Gottesdienst zu konzentrieren, während Rabbi Samuel zugab, dass seine Gedanken oft abschweiften und er sich dabei ertappte, die Wolken zu zählen (Berachot 2:4,16a). Dies ist kein Freibrief, bewusst Teile des Gottesdienstes zu überspringen, aber es bedeutet, dass wir uns nicht zu sehr schuldig fühlen müssen, wenn wir bemerken, dass manche Teile an uns vorbeigehen.

Es gibt auch andere Weisen, *Kawwana* (Konzentration) zu erzielen als sich auf die Gebete zu konzentrieren, die zur Verfügung stehen. Man kann zum Beispiel die Geschichte und Entwicklung eines jüdischen Gebets studieren, so dass die Worte auf den Seiten bedeutungsvoller werden. Es macht einen Unterschied, wenn wir zum Beispiel erkennen, dass das *Ma Towu* - ein Gebet am Anfang des Gottesdienstes -nicht aus ursprünglichem Material komponiert wurde, sondern dass hier jemand Bibelverse aus verschiedenen Büchern ineinander verwoben hat. Und dies ist in einer Weise geschehen, dass die Worte unsere körperlichen Aktionen beim Betreten einer Synagoge entsprechen. Eine andere Weise um *Kawwana* zu erlangen ist, sich jedes Mal, wenn man in der Synagoge ist, auf ein anderes Gebet zu konzentrieren, so dass man allmählich aufeinander folgende Gebete verstehen lernt und sich allmählich den Gottesdienst als Ganzes zu eigen macht. Oder man kann, anstatt nur in der Synagoge anzukommen und zu schauen, was passiert, sich vornehmen, sich auf ein bestimmtes Thema konzentrieren zu wollen – auf unsere Gesundheit, unser Geschäft, unsere Ziele, oder das Wohlergehen einer bestimmten Person, die wir kennen, - und dies kann unseren Gebeten mehr Tiefe und Sinn geben.

Einige Menschen finden es hilfreich, eine „Gebetsuniform" zu tragen, um in die Stimmung des Gebets zu kommen. Es verhindert sie, abgelenkt zu sein. Dies kann eine *Kippa* (Kopfbedeckung), ein *Tallit* (Gebetsschal) oder *Tefillin* (Gebetsriemen) sein. Das ist einer der Gründe, warum das liberale Judentum ihren Gebrauch auch auf Frauen ausgeweitet hat als Teil des allgemeinen Prinzips der Gleichheit aller im Gottesdienst. Eine andere Möglichkeit ist, darüber nachzudenken, was die Handlung des Gebets bedeutet und wie ehrfurchtgebietend der Versuch ist, Gott als Person anzusprechen. Wenn dies zu Gedanken über das Wesen Gottes führt, über die Welt und die Menschheit, dann ist die Zeit des Gebets sehr gut genutzt. Es ist wie in der Geschichte über den Apter Rebbe, der mit den anderen um ihn herum zu beten begann, aber als sie geendet hatten, war er noch nicht einmal mit der ersten Seite fertig.

Als sie ihn fragten, ob mit ihm alles in Ordnung sei, antwortete er: „Ja. Ich begann gut zu beten, doch bei der Zeile „Ich danke dir", dachte ich, wer bin ich, dass ich Gott danken kann? Und seitdem denke ich darüber nach." Umgekehrt sollte man realistisch sein und die Zeit der nutzlosen Versuche zu persönlichem Gebet begrenzen. Es kann besser sein, es zuzugeben, aufzuhören und zu einer anderen Zeit wieder neu zu beginnen. Mit dem Kopf durch die Wand zu wollen ist beim Beten ebenso nutzlos wie in den meisten anderen Situationen.

Leo Baeck pflegte zu sagen, wenn jemand den ganzen Schabbat nicht halten könne, solle er zumindest danach streben, ein paar Schabbat-Momente zu haben. Vielleicht gilt dasselbe auch für das Gebet. Für viele von uns ist es unwahrscheinlich, lange Zeiten spiritueller Frömmigkeit zu erleben, aber wir können Augenblicke des Gebets haben, in denen wir fühlen, dass wir mit Gott in Beziehung sind oder im Einklang mit den Menschen um uns herum, Augenblicke, in denen wir die tiefsten Schichten unseres Selbst erforschen. Diese Augenblicke sind es wert, dass man um sie betet.

Rabbiner Jonathan Romain

1. Situationen, die uns herausfordern

Vor einer Prüfung

Mein Gott, wie sehr habe ich mich auf diese Prüfung vorbereitet.
Doch wie wenig weiß ich!
Wieviel kann man überhaupt wissen?

Doch ich bin zuversichtlich.
Ich vertraue meinen Fähigkeiten
und meiner Weisheit,
die keine Prüfung bewerten kann.

Ich vertraue darauf, dass ich mein Bestes geben werde,
und dass Deine Gegenwart mit mir sein wird,
wenn ich teste, was ich kann.

Ich vertraue darauf, dass ich verstehen lerne,
dass Erfolg oder Versagen kein Maßstab dafür sind,
wer ich bin oder was aus mir werden wird.

Das Leben prüft uns jeden Tag,
es testet unsere Grenzen.
Wie großzügig sind wir? Wie liebevoll?
Wieviel Leidenschaft für Gerechtigkeit regt sich in unserer Seele?
Wieviel sorgen wir uns um die Menschen um uns herum
und um diese zerbrechliche Welt, in der wir leben.

Hilf uns, nicht zu vergessen, dass dies die Fragen sind,
auf die es wirklich ankommt.
Hilf uns, uns nicht selbst zu betrügen,
wenn wir unser Leben prüfen in den kommenden Jahren.

Und währenddessen – hilf mir jetzt in den nächsten Tagen
diesen kleinen Erfolg zu erzielen.
Lass mich ruhig bleiben und zuversichtlich.
Lass mich vertrauen auf das, was ich weiß.
Lass mich auf Dich vertrauen
und auf die Unterstützung meiner Freunde und Familie,
was immer auch das Ergebnis sein wird angesichts der Fülle der Zeit.

Für Eltern: Vor der Prüfung meines Kindes

Während mein Kind lernt, nicht so fleißig, wie ich es gern hätte,
oder blass und kurzsichtig stets bis tief in die Nächte hinein,
da bitte ich Dich, o Gott, lass die Kinder Freude am Lernen haben.
Lass das Wissen, dass sie erwerben, ihnen Befriedigung bereiten,
damit sie nicht nur an die Noten denken
oder an die Türen, die diese Prüfung ihnen auftut oder verschließt.

Ich erinnere mich an mein Kind als Baby,
als jede Leistung - ein Lächeln, ein Griff, ein Wort -
wahrhaft gewürdigt wurde.
Ich erinnere mich an das Kind,
das die Welt voller Lust und Ehrfurcht erkundet hat.
Ich erinnere mich, wie ich mir schwor,
dass die Welt mein Kind nicht verletzen darf,
dass das Urteil der Welt nicht sein Selbstwertgefühl beschneidet.

So lass mich nun daran denken, was jetzt wichtig ist,
lass mich die Zuversicht haben, dass das, was geschehen wird,
die Zukunft in der rechten Weise eröffnen wird
für das Wunder, welches mein Kind ist.

Vor der Führerscheinprüfung

O Gott, der über die Schritte eines jeden Lebewesens wacht,
der die Gedanken eines jeden einzelnen von uns kennt,
der die Erde durch seine Macht erschuf
und die Welt in seiner Weisheit gründete,
ich bitte Dich um Deine liebende Achtsamkeit,
wenn ich mich auf die Führerscheinprüfung vorbereite.

Ich sehne mich nach der Freiheit und nach den Möglichkeiten,
die der Führerschein mir bringt,
aber ich weiß auch, dass ich damit verantwortlich sein werde
für eine machtvolle Maschine,
die sowohl Tod bringen als auch das Leben bereichern kann.

Möge ich bereit sein, diese Herausforderung anzunehmen,
sodass mein Lernen und meine Praxis ausreichen,
sodass ich nie arrogant sein werde und sage:
„Meine Kraft und meine Taten sind das einzige, woran ich denke",
vielmehr soll ich alle beachten, die meinen Weg kreuzen.
Ich soll schauen und beobachten
und stets auf die achtgeben, die um mich herum sind.

Wenn auch einige ihren Fahrzeugen vertrauen und andere ihren Fähigkeiten,
so soll ich doch wissen, dass das Leben zerbrechlich ist und wertvoll und mit
Sorgfalt und Aufmerksamkeit genossen werden soll. Ich will mich erinnern, dass
jede meiner Taten zählt, dass ich gegenwärtig sein muss und mich konzentrieren
muss in jedem Augenblick, in dem ich fahre.

Hilf mir, dies immer zu beachten, so dass ich
      ein sicherer und bedächtiger Autofahrer /
      eine sichere und bedächtige Autofahrerin
werde, jetzt und in Zukunft.[1]

---

1   Dieses Gebet enthält Anklänge an Dtn 8,17; Ps 20,8; Jer 51,15 und 51,21.

Vor einem wichtigen Sportereignis

Sport ist wie Religion, eine andere Welt in der wir leben.
In seinen besten Momenten erhellt er Dimensionen des Seins,
die wir uns ersehnen: wir hoffen auf Augenblicke von Inspiration und Wunder,
auf poetische Bewegungen, die sich vor unseren Augen entfalten.
Wir freuen uns, über das, was der menschliche Körper zu leisten im Stande ist
und über den Geist in allen Lebewesen, der die motiviert, die wetteifern.

Wir wissen, in welcher Weise gewinnen oder verlieren für uns wichtig ist,
und wir hoffen natürlich, dass die, die wir unterstützen, diesmal gewinnen
werden. Aber wir wissen auch, dass es nicht darauf ankommt, zu gewinnen
oder zu verlieren. Hoffnung und Verzweiflung, Erfolg und Versagen – das ist das
Wesen des Lebens und das Wesen des Sports, der das Leben widerspiegelt.
Man kann nicht wissen, was das Leben - oder der Sport -, als nächstes offenbaren
werden. Darum wollen wir uns an dem ehrlichen Streben in den dramatischen
Momenten, die sich nun ereignen werden, erfreuen, in dem Wissen, dass selbst
eine Niederlage uns lehren kann, was wir lernen müssen: dass Verlust ein Teil des
Lebens ist, und Siege kurzlebig, und dass das Spiel des Lebens ein Geheimnis ist,
durch und durch.

Vor einer Kapitalanlage

„Mögen alle Erträge zum Guten dienen".[2] Ewiger Gott, wenn ich die Erträge, mit denen Du mich gesegnet hast, nun investiere, ... möge dies zum Guten geschehen für die, die ich liebe, jetzt und in Zukunft.

Möge ich in dem Bewusstsein investieren, das Du den Menschen die Erde gegeben hast, um sie in ihrer Fülle zu verwalten. Während wir uns an ihren Erträgen freuen, müssen wir sicherstellen, dass wir dies mit Sorgfalt für alles in Deiner Schöpfung tun, jetzt und in Zukunft. Indem ich in .... investiere, bin ich Dein Partner/Deine Partnerin, indem ich Wohlstand in Deine Schöpfung bringe, und ich bin auch Dein Partner / Deine Partnerin, indem ich „genügend Nahrung für alle"[3] bereite, eine nachhaltige Zukunft gewährleiste und Hoffnung. Möge ich den Mut haben, mit den Unternehmen, an denen ich beteiligt bin, zu argumentieren, um zu helfen, dass ihre Arbeit näher an Deiner ausgerichtet ist, der Du die Welt in die Zukunft geleitest.

Möge Deine Gunst über mir sein und mich unterstützen in meinem Handeln, möge der Erfolg zum Guten für alle dienen.[4]

---

2   Aus der Wochentagsamida. *Seder haTefillot*. Das jüdische Gebetbuch, S. 179.
3   Aus dem Tischdank nach dem Essen, *Seder haTefillot*. Das jüdische Gebetbuch, S. 595.
4   Nach Psalm 90,17.

Nach dem Verlust des Arbeitsplatzes

„Singt dem Ewigen ein neues Lied"[5]. Ein neuer Lebensabschnitt beginnt für mich. Ich hatte einen Großteil meiner Selbst in meine Arbeit eingebracht ... bis jetzt. Was ich gegeben habe, ist empfangen worden und der Lohn, den ich im Gegenzug für meine Arbeit erhalten habe, hat mich bis jetzt ernährt. Jetzt lasse ich diesen Teil meines Lebens hinter mir und bereite mich auf Veränderungen vor.

In meinem Leben habe ich Veränderungen und Verluste erfahren, wenn eine Lebensphase die andere ablöste. Jede Veränderung hat mich auf dem Weg des Lebens vorangebracht, neue Wege brachten mir Gewinn, während ich den Verlust hinter mir ließ.

Jetzt muss ich ein neues Lied finden, mit Mut nach vorn schauen, und die Belastung des Bedauerns und des Ärgers so weit wie möglich hinter mir lassen. Es kann sein, dass ich in den kommenden Jahren auf diese Veränderung mit Gelassenheit zurückblicke, wenn ihr Sinn klarer geworden ist. Es kann sein, dass ich die Art und Weise, in der ich das Leben genieße, ändern muss, wenn Arbeit jetzt notgedrungen nur ein kleiner Teils meiner Identität ausmachen wird. Was immer die Zukunft bringen wird, ich bitte Dich, lebendiger Gott, mit mir zu sein auf meinem Weg. Möge der Weg des Lebens vor mir erfüllt sein, geleitet durch Deine Gebote.

„Möge es Dein Wille sein, lebendiger Gott, dass Du mich zum Frieden leitest und mich das von mir erstrebte Ziel erreichen lässt, zu Leben, Freude und Frieden."[6]

5   Psalm 96,1.
6   Vgl. *Seder haTefillot*, Das jüdische Gebetbuch, S. 568.

Arbeitslos

Mein Gott, Du bist der Eine, von dem gesagt wird, dass er uns alle unterstützt, der Fels, auf den wir uns in Zeiten der Erprobung verlassen können. Du gibst uns Kraft, uns jedem Tag neu zu stellen. Jetzt, da ich ohne Arbeit bin, merke ich, wie viel Sinn sie meinem Leben gegeben hatte. Und wie beraubt ich mich fühle ohne ihre Routine und Rituale, ihre finanzielle Vergütung und ihren emotionalen Lohn. Hilf mir, bei der Suche nach neuer Arbeit belastbar und entschlossen zu sein. Ich kenne meine Fähigkeiten und Stärken, doch ich weiß auch, dass die Arbeitswelt unvorhersehbar ist und voller Unsicherheit. Dies kann mich Tag und Nacht rastlos machen und meine tiefsten Hoffnungen zerschmettern.

So wende ich mich Dir zu in dem sicheren Wissen, dass Du meinen Weg in den kommenden Tagen begleiten wirst. Niemand weiß, was die Zukunft bringen wird und welche Gelegenheiten meinen Weg plötzlich kreuzen werden. Doch keiner Begebenheit unseres Lebens muss ein tieferer Sinn fehlen: Welche Frustrationen wir auch aushalten müssen, jeder Augenblick unseres Lebens birgt immer auch Möglichkeiten, Dein Werk zu tun. Unsere täglichen Taten der Freundlichkeit, der Großzügigkeit und Fürsorge bringen Dich in die Welt. Auch dies ist Arbeit, *avodah*, Gottesdienst: die Arbeit der Erlösung, die nie zu Ende ist. Es ist unsere Aufgabe mitten in den Wechselfällen des Lebens, verwoben in unsere Tage während der Suche nach einer Anstellung. Mit neuer Hoffnung nehme ich an, was kommen wird: „Möge die Gunst Gottes über uns sein, uns in dem Werk bestärken, das wir tun, und unser Werk unterstützen, das noch getan werden muss."[7]

---

7   Nach Psalm 90,17.

Konkurs

„Du begabst den Menschen mit Verstand, das menschliche Wesen lehrst Du Vernunft. Lass uns begabt sein mit Verstand, Vernunft und Klugheit."

Mein Gott und Gott meiner Vorfahren, Ich wende mich Dir zu in dieser schrecklichen Zeit. Alles, wofür ich gearbeitet hatte, habe ich verloren. Ich fühle, dass ich versagt habe. Alles, was mir Sicherheit gegeben hatte, ist nun fort. Ich bin verloren und fühle mich ausgestoßen. Ich schäme mich. Wie kann ich vor Dir stehen und vor meinen Mitmenschen? Lass mich Deine Stimme der Hoffnung für die Zukunft erneut hören. Gib mir die Gesinnung, zu mir zu stehen in dieser Zeit. Hilf mir, zu wissen, dass dies nicht das Ende aller Dinge ist. Du kennst mich, o Gott, und kennst mein Herz und Du verstehst die Dinge. Ich bete für mich selbst und für alle, die ich liebe, nicht für die Rückkehr meines materiellen Besitzes, sondern dass ich an Dir festhalte und dass ich durch diese Zeit hindurch komme. Lehre mich, dass dieses Ende ein neuer Anfang sein kann und in Deiner Barmherzigkeit gib mir die Kraft, weiterzumachen.

„Gepriesen seist Du, Ewiger. Du begabst den Menschen mit Verstand."[8]

---

8   Aus der Wochentagsamida. Siehe *Seder haTefillot*. Das jüdische Gebetbuch, S. 179.

Ruhestand

Gott der Gedanken aller Lebewesen, Du allein verstehst
die vielen Veränderungen, die wir im Laufe unseres irdischen Lebens erfahren.

Wenn ich von einer aktiven Lebensphase nun in eine andere übergehe,
wende ich mich Dir zu, dankbar für das, was ich erreicht habe,
in Erwartung dessen, was noch vor mir liegt.

Lass kein Bedauern der Vergangenheit und keine Angst vor der Zukunft mich
überwältigen. Lass mich nicht selbstgefällig sein oder resigniert, als ob mein
Leben schon zu Ende wäre.

„Die Seele, die Du mir gegeben hast, ist rein"[9] und sie wird in mir erneuert bei
Anbruch eines jeden neuen Tages. Möge auch ich Erneuerung finden jeden Tag,
wenn ich wiederum eine neue Lebensphase beginne und mit dem Geheimnis
dessen konfrontiert bin, was vor mir liegt.

Möge ich keine Last für andere werden, sondern Hilfe akzeptieren und
annehmen, wenn ich sie brauche. Möge ich Freundschaften der Vergangenheit
halten und neue finden in der vor mir liegenden Lebenszeit. Möge ich durch die,
die ich liebe, Kraft schöpfen, und auch in der Lage sein, ihnen wiederum etwas
zu geben.

„Mögen diese meine Worte, und diese Hoffnungen meines Herzens, angenehm
sein vor Dir, O Gott, mein Fels und mein Erlöser." [10]

---

9   Aus dem täglichen Morgengebet. *Seder haTefillot*. Das jüdische Gebetbuch, S. 71.
10   Psalm 19,15.

2. Sich annehmen

Schlaflos

„Friedvoll leg ich mich nieder und schlafe ein; denn Du allein, Ewiger, lässt mich sicher ruhen."[11] Diese Worte provozieren und spotten ... meine Schlaflosigkeit trotzt jeder Zuversicht. Die Stunden der Dunkelheit bieten keine Entspannung. Meine Rastlosigkeit verstört die Nacht, verstört das Morgengrauen, raubt jedem Tag die Hoffnung. Die offenkundige Verdunklung der Sinne, diese ungewollte Wachheit – welchem Zweck dient das? Ich kann nicht anders als mein Leben zu überprüfen, das Beste und Schlimmste erneut zu durchleben, das Kleine und Gemeine, die Verletzungen, die ich verursacht habe und die Verletzungen, die ich erhielt, den Schmerz, den ich erfuhr, die Trostlosigkeit, die aufkam, die Verluste, die ich erlitt. Ängste, die nicht enden wollen. Wohin kann ich mich wenden, um Trost zu finden in der Mitte der Nacht?

Ich warte und frage mich, wo Hilfe ist. Wie vielen falschen Träumen bin ich in meinem Leben schon hinterher geeilt? Wie viele Illusionen habe ich genährt? Falsche Hoffnungen im Übermaß, also wo ist Hoffnung für mich? Kann ich mein Herz öffnen in meinem so unruhigen Gemüt und warten, dass Du eintrittst?

Lass dies mein Gebet sein, wenn ich überhaupt beten kann: all mein Hoffen möge in dem gründen, was wahr ist und von Zeit zu Zeit dauert. "Ich lege mich nieder und schlafe ein, wache auf; ja der Ewige schützt mich."[12] Was wäre, wenn dies vielleicht wahr wäre? Dass ich, genährt von Dir, mich sicher fühlen könnte, trotz der Zufälligkeit des Lebens? Kann ich den Ewigen spüren in der endlosen Nacht?

Die Stille, die ich suche, ist nun in mir. Kann die stille, kleine Stimme des Lebens in mir noch einmal ihren Segen zuflüstern? Ich höre das Echo der Zuversicht des Psalmisten: Du allein, Ewiger, lässt mich sicher ruhen. Ich will mich niederlegen und schlafen. Ewiger, gewiegt in Deiner Obhut komme mein Geist zur Ruhe, getröstet durch Dein Mitgefühl für die bedrängte Seele. Lass mich sicher schlafen, und lass mich erfrischt wieder aufwachen, geborgen in der stillen Gegenwart Deines schützenden Geheimnisses.

11 Psalm 4,9.
12 Psalm 3,6.

Ängste oder Panik-Attacken

„Heile uns, Gott, dann sind wir geheilt; hilf uns, dann ist uns geholfen! Dich preisen wir. Lass uns von unseren Krankheiten genesen, lindere unsere Schmerzen und heile unsere Wunden."[13]

Allmächtiger Gott, ich rede mit Dir in meiner Not und Verwirrung. Ich habe riesige Angst und weiß nicht, warum. Da ist eine Panik, die in mir hetzt. Ich weiß, dass Du immer bei mir bist, selbst wenn ich im Tal des Todesschattens gehe, und dennoch pocht mein Herz und ich bin krank von diesen Gefühlen, die mein Herz und meine Seele zerreißen. Ich bin nicht sicher, dass ich noch weiß, wer ich überhaupt bin, und ich flehe zu Dir, mir zu helfen in meiner Angst.

Gib mir die Kraft und den Mut, mich nicht der Verzweiflung hinzugeben. Lass mich Deine zärtliche Gegenwart spüren. Du bist immer bei mir, selbst wenn ich Dich nicht fühlen kann. Hilf mir, zu verstehen, dass Du mich von meiner Not heilen wirst und meine Gesundheit wieder herstellen wirst. Gib mir Kraft - nicht um diese schrecklichen Gefühle zu verstehen, sondern um auf Dich vertrauen zu können und in Deine Heilung, selbst wenn ich sie nicht fühle. In meiner Verzweiflung schreie ich zu Dir, mein Gott und Gott aller Dinge, höre mein Gebet.

13 Aus der Wochentags-Amida (Seder haTefillot. Das jüdische Gebetbuch, 2010, S. 179).

Depression

„Aus den Tiefen rufe ich zu Dir,
mein lebendiger Gott.
Gott, höre meine Stimme.
Lass Deine Ohren den Klang
meines Flehens hören." (Ps 130,1-2)

Quelle des Erbarmens, hilf mir in dieser Zeit der Not. Meine Seele ist voller Qual
und mein Gemüt voller Unruhe und Schrecken. Ich sehe die Welt wie durch eine
dunkle Scheibe. Ich finde zu niemandem Zugang, selbst nicht zu denen, denen
ich nahe bin. Selbst zarte Annäherungen der Freundschaft und Liebe füllen mich
mit einem Gefühl von Verlust und Traurigkeit. Warum scheint alles so fern von
mir? Was ist der Weg, der vor mir liegt? Warum habe ich solche Angst vor dem,
was aus mir wird? Zeige mir Deine Zärtlichkeit, vergebender Gott. Hilf mir, mich
zu öffnen für Deine Gegenwart. Gieße Deinen Geist in meine Seele, dass ich die
Geduld erlange für diese Reise, die vor mir liegt. Möge ich mein Vertrauen auf
Dich setzen und bald verstehen, dass auch ich Dein Geschöpf bin, geformt in
Deinem Bilde und wert Deine Liebe und Güte zu empfangen.

„Gott ist mein Licht und meine Sicherheit,
wovor sollte ich mich fürchten?
Gott ist meines Lebens Kraft,
wovor sollte ich Angst haben?" (Ps 27,1)

Sorge oder große Schmerzen

O Ewiger, mein Gott, ich nehme Zuflucht bei Dir. Rette mich aus all dem, was mir Angst macht, und lass die Dinge sich gut entwickeln, sonst würde meine Seele zerrissen werden von meiner Angst und von den Belastungen, denen ich ausgesetzt bin; sonst würden meine Gedanken sich im Kreise drehen, mit der Dunkelheit der Nacht und der Helle des Tages und ihren jeweils eigenen anhaltenden Gedanken. Hilf mir, der Zerstörung meiner eigenen Vorstellungen zu entkommen, rette mich vor eintönigen Schmerzen.

Lass mich nicht beschämt oder verwirrt sein. Lass mich nicht sein wie Spreu im Wind. Lass mich nicht auf einem dunklen und rutschigen Weg gehen, verfolgt von ich weiß nicht welcher unbestimmten Angst oder speziellen Furcht. Vielmehr lass mich erkennen und befähige mich, meine Ängste zu benennen und mich meiner Furcht zu stellen.

Dann wird meine Seele sich freuen in der Gegenwart Gottes. Sie wird jubeln über meine Befreiung aus der Dunkelheit meiner Schmerzen. Alle meine Knochen werden sagen: „Gott, wer ist wie Du, wer ist bereit, mich aus einer Situation zu retten, die mir zu viel ist; mir mein Unbehagen und meine Sorgen zu nehmen und mich zu beruhigen".[14]

Was jetzt auf mich zukommt: Gott sei mit mir! Was ich empfinde, kann mich zerstören. Hilf mir Maßnahmen zu ergreifen und zu reagieren. Ich weiß, dass die Welt, die ich erlebe, nicht fair ist, aber bleibe bei mir in meiner Not und hilf mir, die nächsten Schritte zu gehen. Ich weiß, dass Du an meiner Seite bist und dass Gerechtigkeit bei Dir ist. Und hilf mir zu erkennen, dass ich niemals ganz alleine bin, sondern dass, ob ich es weiß oder nicht, Du bei mir bist.[15]

14 Aus dem Schabbatgottesdienst, *Forms of Payer* 203.
15 Basierend auf Psalm 7 und 35.

Sucht

Ich bekenne: mein Leben ist ein ABC des Kummers:[16]

Abhängig bin ich.
Bitter machte ich das Leben derer, die mich lieben.
Chaotisch war mein Leben in der Sucht.
Drogen nahm ich, die meinen Körper zerstörten.
Empörend war mein Verhalten. Ich
folgte denen, die ich besser hätte unbeachtet lassen sollen.
Gebrochen habe ich das Vertrauen, das andere in mich hegten. Ich
hasste, was ich hätte lieben sollen,
injizierte den Tod in meinen Körper, den Gott mir gab, um ihn zu pflegen.
Jeder Hoffnung, die Du für mich hegtest, bin ich nicht gerecht geworden. Ich
kränkte die, die mich liebten,
lehrte andere, Drogen zu nehmen und untergrub ihre Stärke.
Maßlos war ich.
Niedrigsten Begierden gab ich mich hin. Ich
opferte alles für jenes Leben, das nur zu frühem Tod führt.
Prostitution gab ich mich hin. Ich
quälte mich, aber stieß jede Hilfe, die mir geboten wurde, weg. Ich
raubte von meiner eigenen Familie, um meine Gewohnheiten zu befriedigen. Ich
spottete über die, die stark waren,
schlang in mich hinein, was meinen Körper zerstörte,
tötete bei anderen jede Chance der Rehabilitation,
unterlag der Versuchung, mich *high* fühlen zu wollen.
Vernachlässigt habe ich die, die mich lieben.
Wertvoll war für mich der Mist, den ich hätte abweisen sollen. Ich
zauderte, wo ich hätte stark sein sollen.

Verzeih mir, Gott. Ich bekenne dies alles mit aufrichtigem Herzen.

---

16   Dieses Gebet ist inspiriert von der alphabetischen Struktur jüdischer Schuldbekenntnisse am Jom Kippur.

Selbstmordversuch

Unser Gott und Gott unserer Vorfahren. Du hast uns berufen, „ja" zum Leben zu sagen, aber das Leben ist oft so schwer für uns. Wir sind durch den Sturm gegangen, als das Leben bedeutungslos war und wir trachteten ernsthaft danach, es alles zu beenden. Ich möchte mein Leben begrüßen. Ich möchte mich am Leben freuen. Ich weiß, wenn ich mein Leben beenden würde, müssten die, die ich liebe, mit jenem Schmerz für immer leben.

Gib mir Mut, mich dem Tag zu stellen und die Nächte auszuhalten. Gib mir die Perspektive, meinen Sturm als vorrübergehend zu sehen, den Glauben zu hoffen, dass es bald vorbei ist. Gib mir die Energie, es zu durchschauen. Du hast mir Familie und Freunde gegeben, die ich liebe und die mich lieben. Lass mich an Kraft zunehmen, indem ich ihre Zuwendung erfahre.

Gedächtnisschwund

Da sind die Momente,
in denen ich an Zeiten und Menschen erinnert werde,
die ich vergessen hatte.

Geteilte Augenblicke mit Familie und Freunden,
Zeiten, als meine Kinder, jetzt erwachsen, in meiner Obhut waren.
In jenen Augenblicken wird mir ein Blick in den Reichtum des guten Lebens
gegeben, das mir vergönnt war, aber das ich für so selbstverständlich gehalten
habe, - ein Leben, das mich genährt hat, aber so viel davon ist nun aus meinem
Gedächtnis verschwunden.

Sollte ich diese Schätze verloren haben aufgrund von Unaufmerksamkeit,
Achtlosigkeit oder Versagen, das Gut zu erkennen, das mir geschenkt wurde,
möge ich in meinen Gedanken den Schlüssel finden, diesen Vorrat wieder zu
öffnen.

Möge mein Bedauern über das, was verloren ist und aus meinem Gedächtnis
verschwunden ist, mich anspornen, genauer auf die Segnungen der Gegenwart
zu achten.

Möge ich reifen, um dies zu verstehen, dass obwohl das Leben mir verloren
gegangen zu sein scheint, es ewig ist in Dir und in der ewigen Gegenwart, in die
ich eines Tages einkehren werde.

Älter werden

Mit siebzig oder wenn es hoch kommt achtzig,
bereiten mich der Psalmist und seine Nachkommen
wenig darauf vor, älter zu werden.

Vergesslichkeit und Wiederholungen sind eine Qual,
doch wird sie gelindert durch Geduld und Verständnis.

Schmerz und Angst sind ständige Begleiter,
doch Liebe und Aufmerksamkeit beruhigen mich.

Hemmungen und Scham verflüchtigen sich durch die Notwendigkeit der Pflege.
Erfahrung und Errungenschaften geben starken Trost.

Kinder – in der dritten und vierten Generation – Schwestern, Pfleger, Ärzte und
Ärztinnen, Therapeuten, alle bemuttern mich.
Freunde und Bekannte verschwinden mit alarmierender Regelmäßigkeit durch
Krankheit, dann Tod.
Wird jemand aus meiner Generation mich auf meiner letzten Reise begleiten?

Aber die Neugier auf das, was jenseits liegt, ist immer noch schwach,
ich bin in keiner Eile, mich jenen anzuschließen.
Obwohl ich Davids Gebet teile: „Im Alter verlass mich nicht!" (Ps 71,18),
kann ich mich doch leichter einfühlen in die chassidische Interpretation:
„Lass meine Welt nicht alt werden."

Erfolg

Gepriesen seist Du, Heiliger der Preisungen, dass Du mir Mut zu meinen Überzeugungen gabst und mir geholfen hast, Erfolg zu haben. Ich preise dich, dass Du mich in die Lage gebracht hast voller Stolz zu sagen: „Ich habe es geschafft! Ich habe meine Bedenken überwunden!" Ich danke Dir, dass Du mir die Kraft gegeben hast, weiterzumachen trotz Hindernissen und Rückschlägen.

Ich preise dich, dass Du mich zu dem gemacht hast, was ich bin, und ich bitte Dich um Deinen Segen für mich, das ich weiterhin Erfolg habe in allen meinen Unternehmungen, seien sie groß oder klein.

Jubiläum

Gott, Du lässt die Zeit verstreichen und die Jahreszeiten vorübergehen. Du hast Freudenfeste und Zeiten der Fröhlichkeit für unser Volk bestimmt, damit wir uns immer an Deine Taten erinnern.

Heute komme ich zu Dir mit meinen ganz persönlichen Erinnerungen.

Ich danke Dir für die Erfahrungen, die ich gemacht habe, und für alle Begleitung und Liebe, die ich erlebt habe. Was auch immer die Zukunft bringen wird, möge dieser Tag immer meinen Geist erneuern und mir Freude auf meinem Lebensweg schenken. Ich bin von Herzen dankbar für die Güte, die Du mir erwiesen hast. Segne mich auch in den Jahren, die vor mir liegen.

3. Besondere Momente

Für Eltern: Der erste Schultag meines Kindes

Wenn Du heute das Haus verlässt und eine für Dich neue Welt betrittst,
geh tapfer.
Fröhlich in Deinen Schulkleidern,
richte Dein strahlendes Gesicht auf die neuen Erfahrungen.
Vergiss nie, dass wir Dich lieben.

Vergiss nie, dass jeder Mensch, dem Du begegnen wirst,
auch ein bisschen Furcht einflößt.
Vergiss nie, gute Fragen zu stellen, und dann gut hinzuhören auf die Antworten.
Es ist gesagt, „Schulkinder sind die Blumen am goldenen Leuchter"[17] in Gottes
Heiligtum. Du wirst teil bekommen am Licht des Begreifens, das Wissen zieren,
das eines Tages Dein eigenes sein wird.

So gehe behutsam hinaus in diese Welt, wohin wir dir nicht folgen können,
beginne, die Persönlichkeit auszubilden, die Du bist.
Tue die ersten Schritte in die Unabhängigkeit, in Freundschaften, im Lernen,
und komm zurück nach Hause, und lehre uns über Deinen Tag.

***

„Möge es dir vergönnt sein,
die Welt, wie Du sie dir vorstellst,
schon zu Deinen Lebzeiten zu sehen;
und möge Dein Schicksal offen sein
für neue, künftige Welten.
Möge Deine Hoffnung sich gründen
auf vergangene und künftige Generationen.
Dein Herz sei voller Einsicht,
Dein Mund spreche Weisheit,
Deine Zunge finde Grund zum Jubel.
Möge Dein Blick klar sein für Deinen Weg,
und Deine Augen leuchten im Lichte der Tora,
Dein Gesicht strahlen im Glanze Gottes.
Mögen Deine Lippen gebildet reden,
und Du Dich über Rechtschaffenheit freuen."[18]

---

17   Pesikta Rabbati 29b.
18   Nach Berachot 17a. [Das hier zitierte Gebet wird von einigen auch als Gebet der Eltern/Erzieher
oder Lehrer für eine Bat / Bar Mitzwa verwendet. A.d.Ü.]

Geburt eines Enkelkindes

Wir danken Dir, allmächtiger Gott, für die Gelegenheit Deinen Segen zu erfahren: „Und du wirst leben, und Deine Enkelkinder sehen" (Psalm 128,6).

Wir freuen uns darauf, zu helfen, unser neues Enkelkind großzuziehen, seinen Eltern eine Stütze zu sein und eine Quelle für guten Rat.

Wir bitten um die Weisheit zu erkennen, wann wir es wagen, aufzutreten, und wann wir besser schweigen sollten.

Möge für unser neues Enkelkind, _____, auch die andere Verheißung desselben Psalms erfüllt werden: „Adonai segne dich von Zion aus … all deine Lebenstage."

„Gepriesen seist Du, Ewiger, unser Gott, Regent der Welt, der uns am Leben erhalten und bewahrt hat und uns nun diese Zeit hat erreichen lassen."[19]

19   Seder haTefillot. Das jüdische Gebetbuch, S. 541.

Geburt eines nicht-jüdischen Enkelkindes

Ewiger Gott, wir danken Dir für die Geburt unseres geliebten Enkelkindes
_____. Möge es ein Leben voller Gesundheit, Segen, Frieden und
Freude erfahren und umgeben sein von der Liebe von Familie und Freunden.

Zu dieser Zeit des Feierns bekräftigen wir unsere besondere Verantwortung,
die wir in der Kette der jüdischen Tradition haben. Wir sollen das Wissen um
die Beziehung unseres Volkes mit Gott an die nächste Generation weitergeben.
Wir tun dies in Demut und Liebe, uns bewusst, dass unser geliebtes Enkelkind
das Erbe *zweier* Traditionen ist, und dass *beide* Traditionen anerkannt und
wertgeschätzt werden müssen.

Während wir diesen neuen Weg einschlagen, verpflichten wir uns vor Dir, Ewiger,
unser Gott, und Gott unserer Vorfahren, uns sensibel, humorvoll und vorsichtig
zu verhalten und stets die Bedürfnisse aller Mitglieder unserer erweiterten
Familie im Auge zu behalten.

Wir preisen dich, Gott, der durch das Wunder des Lebens Familien Grund zu
feiern gibt.

Unerfüllter Kinderwunsch

[Dieses Gebet kann vor dem Besuch einer Mikwe gesprochen werden.]

„Dies ist mein Liebster und dies ist mein Freund. Ja, Liebe ist stärker als der Tod."[20]

Mekor Rachamim[21], ich danke Dir für den Segen, der in den Fähigkeiten und Funktionen meines Körpers liegt, den ich nicht selbstverständlich hinnehmen sollte. Doch gleichzeitig schreie ich zu Dir in meinem Schmerz, meinem Verlangen und meinen Wünschen. Ich erwarte keine Antwort, aber dennoch hoffe ich auf eine.

Hilf mir und meinem Partner in den kommenden Monaten stark zu bleiben und uns an die Kraft zu erinnern, die wir beide teilen. Wir beten, dass diese gemeinsame Kraft stärker in Erinnerung bleibt als jene monatlichen Erinnerungen an Tod, eingebettet in die Hoffnung auf Leben. Hilf uns, uns nicht einander die Schuld zuzuweisen. Hilf uns, den Segen, den wir haben, zu akzeptieren, anstatt auf das zu starren, was wir nicht haben.

Mögen wir Trost finden in den Verdiensten meiner Mütter, Sara, Riwka, Rachel und Hanna, die zu Dir schrien in ihrer Kinderlosigkeit und getröstet wurden.

Gepriesen seist Du, Ewiger, der uns alle ganzheitlich geschaffen hat, und doch ist niemand von uns perfekt.

---

20   *Schir haSchirim* (Hhld) 5,16; 8,6.
21   „Quelle der Barmherzigkeit"; das hebräische Wort *rachamim* kommt von dem Wort *rechem* „Mutterleib". Es ist daher hier eine sehr angemessene Weise, Gott so anzusprechen.

Nach Einreichung der Scheidung

Gott, ich stehe in einer Zeit vor Dir, von der ich gehofft hatte, dass sie nie eintreffen würde. Ich muss das Scheitern meiner Ehe anerkennen und den Verlust all der Hoffnungen, mit denen ich in den Status von *kiddushin* eingetreten bin, der Hoffnung und Heiligkeit einer jüdischen Ehe.

Doch wenn ich auf meine Ehe zurückschaue, dann sehe ich dass es Zeiten der Hoffnung gab neben den Zeiten der Verzweiflung, Zeiten des Lachens ebenso wie Zeiten der Tränen.

Ich weiß, trotz des schmerzenden Verlusts würde ich ohne diese Erfahrung jetzt nicht die Person sein, die ich heute bin. Ich bete für die Kraft, Bitterkeit zu vermeiden, für die Weisheit, reifen zu können selbst in der allerschmerzlichsten Erfahrung und für den Mut, mich dem Leben erneut zu stellen und seinen endlosen Möglichkeiten für Liebe und Hoffnung.

Gepriesen seist Du, Ewiger, der gebrochene Herzen heilt.

Benutzung der Mikwe nach einer Scheidung

Während ich in das Wasser des Lebens eintauche, rufe ich die Töchter Israels an, mit mir zu sein, während ich mich befreie. Möge ihre Kraft, ihre Zielstrebigkeit und ihr Glaube an die Zukunft mir Mut, Stärke und Hoffnung geben. Möge dieses Wasser alle Bitterkeit und Wut in mir abwaschen. Hilf mir, bereit zu sein, ein neues Leben zu beginnen.

Ich bin nicht mehr Deine Frau.
Du bist nicht mehr ein Teil meines Lebens.
Jetzt ist der Zeitpunkt, meinen Körper und meine Seele zu reinigen.
Jetzt ist die Zeitpunkt, ganzheitlich zu werden.

Mit Deiner leitenden Hand bitte ich dich, heile meine Wunden.
Mit Deiner Liebe umarme mich. Mit Deinem Geist leite mich, jetzt und immer.

Kerzenanzünden am Schabbat nach dem Verlust des Partners

Lieber Gott, Ich bete für die Ruhe der Seele meines lieben Partners und für die Sicherheit und Gesundheit meiner Familie. Ich bete, dass Linderung und Heilung den Schmerz und die Verzagtheit derer erleichtern mögen, die mich diese Woche um Hilfe gebeten haben. Lieber Gott, die Synagogen dieser Stadt sollen ein Leuchtfeuer sein, das Tora unter Deinen Kindern verbreitet. Möge dies so sein. Ich bete um Frieden für alle Einwohner dieser Stadt und ihrer Umgebung und ich hoffe, dass keines meiner Worte oder Taten *Chillul Hashem* ist, eine Entweihung Deines Namens, sonders dass alle meine Worte und Taten *Kiddush Hashem* sind, eine Heiligung Deines Namens.

Zünden des Jahrzeitlichts

Ich brauche keine besonderen Momente, um an dich _____ zu denken, denn du bist immer in meinen Gedanken. Doch ich kann danken für den Segen deines Lebens, deiner Kameradschaft und für alles, was du mir bedeutest hast. Deine Abwesenheit ist immer ein Grund der Traurigkeit, aber deine Liebe lebt weiter, und was wir einander gewesen sind stärkt und nährt mich. Du lebst in meinem Herzen und deine Tugenden inspirieren mich, aus jedem Tag das Beste zu machen.

Die Erinnerung an dich ist ein bleibender Segen.

Nach Konversion zum Judentum

Mein Gott, Du hast alle Menschen geschaffen. Nimm das Opfer meines Herzens an, das ich Dir in diesem feierlichen Moment bringe. Ich habe mich dazu entschieden, in die Familie Israels einzutreten. Ich stehe vor dir als ein Glied Deines Volkes und bitte Dich um Deinen Segen. Hilf mir dabei, der Überlieferung des Judentums treu zu sein. Hilf mir dabei, ein jüdisches Leben zu führen und an Israels Geschick teilzuhaben. Gib mir die Kraft und den Mut, an seinen Gefahren und Schwierigkeiten teilzuhaben, wie auch an seinen Verpflichtungen und Möglichkeiten. Ich danke Dir für diesen Augenblick und für alles, was die Zukunft mir bringen wird. Sei Du das Licht, das mich in meinem Leben leitet. Mögen meine Worte und Taten Deinen Segen erlangen. Mögen sie Israel Ehre bereiten. Mögen sie Deinen Namen in der Welt heiligen.

Höre Israel, der Ewige unser Gott, ist der Ewige allein.
Schmá Jisraél adonái elohénu adonái echád.

Darum sollst du den Ewigen, Deinen Gott, lieben,
von ganzem Herzen, von ganzer Seele und mit ganzem Vermögen.

Vor einer Reise

Gott, Du hast unseren Vater Abraham und unsere Mutter Sara zu einer Reise ins Unbekannte berufen. Du hast sie behütet und gesegnet. Behüte und segne nun auch meine Reise. Das Vertrauen zu Dir möge mich stärken, wenn ich mich nun auf den Weg mache. Lass mich wohlbehalten ankommen. Die, die liebe, befehle ich Deiner Fürsorge an. Sei mir ihnen, damit ich mich nicht um sie zu sorgen brauche. Deine Gegenwart begleite mich, damit Dein Segen auf mich komme und auf alle, denen ich begegne. Gepriesen seist du, Ewiger, unser Gott. Deine Gegenwart ist mit Deinem Volk unterwegs.

Traditioneller jüdischer Reisesegen

Ewiger, unser Gott und Gott unserer Vorfahren, lass uns wohlbehalten unterwegs sein. Behüte unsere Schritte und geleite uns mit Deiner friedlichen Glückseligkeit. Lass uns lebendig, froh und unversehrt unser Ziel erreichen. Bewahre uns unterwegs vor jeglichem Feind, vor gewalttätigen Menschen und vor bösen Tieren. Behüte uns vor jeglicher Katastrophe, die plötzlich über die Erde einbrechen könnte. Segne uns in allem, was wir tun, und lass uns Wohlgefallen, Güte und Mitgefühl bei Dir finden und bei jedem Menschen, dem wir begegnen werden. Höre unsere Bitten, denn Du bist Gott, du hörst Bitten und Gebete. Gepriesen seist du, Ewiger, der Gebete hört.

Bat Mitzwa

Gott und Gott meiner Vorfahren,
vor dieser heiligen Gemeinde strebe ich danach,
zur Gemeinde Israels dazuzugehören -
an ihrem Erbe teilzuhaben,
an ihrem Geschick mitzuwirken
und zu ihrem Mitzwot verpflichtet zu sein.

Gib mir die Kraft, in Deinen Wegen zu gehen
und ein Grund zum Stolz zu sein
für meine Familie, meine Gemeinde und mein Volk.

Glücklich sind wir, denn wie gut ist unsere Gabe,
wie lieblich unser Los, wie schön unsere Erbschaft.
Glücklich sind wir, denn wir verkünden die Einheit Deines Namens
und sprechen:
Schmá Jisraél Adonái elohénu Adonái echád.
Höre Israel, der Ewige ist Gott, der Ewige allein.

Für eine Bat Mitzwa

Gott hat unsere Väter Awraham, Jizchak und Ja'akow und unsere Mütter Sara,
Riwka, Lea und Rachel gesegnet. Möge Gott _____ *bat* _____ segnen,
die heute in die Verantwortung für die Mitzwot eingetreten ist, als sie vor der
Gemeinde Israels zur Tora aufgerufen wurde. Gott möge ihre Familie segnen.

Wie sie zur Verantwortung für die Mitzwot herangewachsen ist, so möge sie
heranwachsen zu Tora, Chuppa und guten Werken. Möge es Dein Wille sein,
Quelle des Lebens, dass sie es schaffe, bei der Tora zu bleiben in körperlicher
Gesundheit und seelischer Unversehrtheit. Möge sie Wohlgefallen und
Anerkennung finden bei Gott und bei den Menschen. Ihre Familie möge es
sehen und sich freuen und ihre Freundinnen und Freunde mögen sich freuen
und alle Familien Israels frohlocken, wenn sie die Kinder der Gemeinde in
ihrer Mitte sehen, wie sie den Heiligen Jaakows ehren und den Gott Israels
anerkennen.

Gepriesen seist Du, Ewiger, unser Gott, Regent der Welt, der uns am Leben
erhalten und bewahrt hat und uns nun diese Zeit hat erreichen lassen.

Bar Mitzwa

Gott und Gott meiner Vorfahren,
vor dieser heiligen Gemeinde strebe ich danach,
zur Gemeinde Israels dazuzugehören -
an ihrem Erbe teilzuhaben,
an ihrem Geschick mitzuwirken
und zu ihrem Mitzwot verpflichtet zu sein.

Gib mir die Kraft, in Deinen Wegen zu gehen
und ein Grund zum Stolz zu sein
für meine Familie, meine Gemeinde und mein Volk.

Glücklich sind wir, denn wie gut ist unsere Gabe,
wie lieblich unser Los, wie schön unsere Erbschaft.
Glücklich sind wir, denn wir verkünden die Einheit Deines Namens
und sprechen:
Schmá Jisraél Adonái elohénu Adonái echád.
Höre Israel, der Ewige ist Gott, der Ewige allein.

Für einen Bar Mitzwa

Gott hat unsere Väter Awraham, Jizchak und Ja'akow und unsere Mütter Sara, Riwka, Lea und Rachel gesegnet. Möge Gott _____ *ben* _____ segnen, der heute in die Verantwortung für die Mitzwot eingetreten ist, als er vor der Gemeinde Israels zur Tora aufgerufen wurde. Gott möge seine Familie segnen.

Wie er zur Verantwortung für die Mitzwot herangewachsen ist, so möge er heranwachsen zu Tora, Chuppa und guten Werken. Möge es Dein Wille sein, Quelle des Lebens, dass er es schaffe, bei der Tora zu bleiben in körperlicher Gesundheit und seelischer Unversehrtheit. Möge er Wohlgefallen und Anerkennung finden bei Gott und bei den Menschen. Seine Familie möge es sehen und sich freuen und seine Freunde und Freundinnen mögen sich freuen und alle Familien Israels frohlocken, wenn sie die Kinder der Gemeinde in ihrer Mite sehen, wie sie den Heiligen Jaakows ehren und den Gott Israels anerkennen.

Gepriesen seist Du, Ewiger, unser Gott, Regent der Welt, der uns am Leben erhalten und bewahrt hat und uns nun diese Zeit hat erreichen lassen.

4. Beziehungen

Nach Streit

„Gott, du hast mich erforscht und weißt von mir, du kennst mein Sitzen und mein Stehen. Du verstehst von fern meine Gedanken".[22]

Ich bete zu Dir, o Gott, von diesem so verwirrten Ort; ich flehe Dich um Hilfe an in diesem schrecklichen Moment. Ich fühle mich so verletzt und so verwirrt. Ich habe mich angegriffen gefühlt und habe selbst angegriffen. Verletzende Dinge wurden mir gesagt und ich habe verletzende Dinge gesagt. Ich brauchte es, im Recht zu sein, und so habe ich meiner Wut freien Lauf gelassen. Manchmal habe ich nicht zugehört, was zu mir gesagt wurde. Ich wollte verletzen und wollte strafen. Ich habe es gebraucht, mehr im Recht zu sein als der andere, mit dem ich gestritten habe, und ich war nicht immer auf der Seite der Wahrheit.

Es ist sehr schwer, jetzt mit Dir zu sprechen, denn ich fühle noch immer diese schrecklichen Gefühle in meinem Herzen. Aber ich kämpfe, zu beten, weil Du meine Hilfe bist und meine Stütze in Zeiten der Not. Hilf mir durch diese Verwirrung hindurch zu blicken, mich zu hören und den anderen, mit dem ich mich gestritten habe.

Lass das, was wieder geheilt werden kann, heilen, und gib uns beiden die Kraft, dass wir fähig sind, im Unrecht zu sein. Du kennst mich, Gott, „denn bevor ein Wort auf meiner Zunge ist, hast du es, Gott, schon ganz gewusst." „Erforsch mich, Gott. Erkenn mein Herz. Prüf mich und erkenne mein Denken und sieh, ob ein Weg zu kränken in mir ist und leite mich auf ewigen Wege."[23]

---

22   Psalm 139,1-2.
23   Psalm 139,4. 23-24.

Enttäuscht

„Besser ist's Gott zu vertrauen als auf Menschen sich zu verlassen."[24]

Ich komme zu Dir, o Gott, weil ich verletzt wurde und sehr traurig bin. Ich habe jemandem vertraut und mein Vertrauen wurde enttäuscht.

Es kommt mir vor, als sei es mehr als ich ertragen kann und ich weiß kaum, wohin ich mich wenden könnte.

Lass mich nicht von meinen Zorn verzehrt werden und lass meine Gefühle für irgendeine Art von Rache mich nicht überwältigen. Schütze mich davor, verbittert zu werden und generell alles, was gut ist, zu verachten. Im Moment ist es schwer wahrzunehmen, was gut für mich ist. Ich höre mich sagen, dass ich allem den Rücken zukehren möchte und ich bin geneigt zu denken, dass es nichts Gutes gibt in Deiner Welt. Ich möchte hassen, was ich hatte und denken, dass nichts von ihm je wirklich gut war.

Hilf mir, nicht zu hassen
lass mich mein Vertrauen in Dich setzen.
Hilf mir, gegen die Bitterkeit anzugehen,
von der ich weiß, dass sie immer stärker in mir werden könnte.
Gibt mir die Kraft und den Mut zu versuchen, meinen Anteil zu suchen,
den ich selbst zu dieser Enttäuschung beitrug.

„Lieb ist's mir, dass Gott mein Schreien hört, mein Flehen. Er hat sein Ohr zu mir geneigt; nun ruf ich zu ihm solang ich lebe."[25]

---

24 Psalm 118,8.
25 Psalm 116,1-2.

Unverstanden

„Höre unsere Stimme, unser Gott, Ursprung allen Erbarmens. Habe Mitleid und erbarme dich über uns. In Erbarmen und in Wohlgefallen höre unser Gebet. Du bist doch Gott, der Gebete und Bitten erhört."[26]

Ich rede, und doch scheint niemand zu hören was ich sage. Ich erkläre und doch scheint niemand zu verstehen. Ich erkläre es immer und immer wieder und sie verstehen nicht einmal, dass sie nicht verstehen. Ich bin so schrecklich allein und isoliert von der Welt. Da ist keiner, nicht einmal Du Gott. Ich habe den Eindruck, dass es niemanden interessiert. Ich scheine in einer isolierten und anderen Welt zu leben und diese Einsamkeit ist unerträglich. Es macht mich sehr traurig und sehr wütend und ich weiß, dass ich in meiner Wut manchmal meine Mitmenschen verletze. Ich wünschte, ich täte es nicht, weil sie mich dann hassen und verantwortlich machen und das macht die Dinge nur noch schlimmer. Bitte höre mich, Gott. Lass mich irgendwie merken, dass Du hörst. Ich wende mich mit solchem Schmerz in mir zu Dir und ich wurde immer gelehrt, dass Du alle Wunden heilst. Lass mich Deine Gegenwart von neuem fühlen und im Schatten der Flügel Deiner Allmächtigkeit geborgen sein. Weise mich nicht leer von Dir weg, denn Du hörst die Gebete aller Lippen.

„Gepriesen seist Du, Gott, der Gebete hört."

---

26   Aus der Wochentagsamida. Forms of Prayer S. 62.

Für Eltern: Wenn Kinder das Haus verlassen

„Alles hat Zeit und Stunde, alles Wollen unter dem Himmel:
Zeit fürs Umarmen und Zeit fürs Meiden der Umarmung.
Zeit fürs Bewahren und Zeit fürs Preisgeben."[27]

Ich weiß, dass es nie leicht ist, los zu lassen. Ein Kind wächst, wird immer
unabhängiger und verlässt das Haus, um eine neue Lebensphase zu beginnen.
Dies ist natürlich und richtig, und ein Moment zu feiern, selbst wenn es
überschattet ist mit einem Gefühl des Verlusts.

Gott von Abraham und Sara, hilf mir, wenn ich den Veränderungen gegenüber
stehe, die dieser Moment bringt, und die neue Art von Beziehung pflege, die
jetzt zwischen uns wachsen wird.

Gott von Isaaak und Rebekka, möge das Beste, das ich gegeben habe, Frucht
bringen; möge der rechte Weg offen sein.

Gott von Jakob, Rachel und Lea, sei mit meinem Kind, das kein Kind mehr ist, auf
seinem Weg; behüte es und leite das Leben, das jetzt beginnt.

   Für einen Sohn: Sei mit ihm, wie ich versuchte, stets mit ihm zu sein wo es
nötig war. Behüte sein Kommen und Gehen jetzt und immer.
   Für eine Tochter: Sei mit ihr, so wie ich versuchte, stets mit ihr zu sein wo es
nötig war. Behüte ihr Kommen und Gehen jetzt und immer.

„Der Ewige segne dich und behüte dich.
Der Ewige lasse sein Antlitz dir leuchten und sei dir gnädig.
Der Ewige wende sein Antlitz dir zu und gebe dir Glückseligkeit."[28]

---

27   Kohelet 3,1.5.6.
28   Numeri 6,24-26 (nach der Übersetzung Moses Mendelssohns).

Für Kinder: Wenn Eltern sich scheiden lassen

Meine Eltern sind nicht mehr zusammen. Ich bin so verwirrt, traurig und wütend. Die Welt, in der lebe, liegt in Scherben und ich weiß nicht, wem oder was ich noch vertrauen kann. Ich fühle mich allein und habe Angst. Ich rede mir ein, dass ich beide wieder zusammen haben möchte, aber ich weiß, dass ich das nicht wirklich will. Was ich möchte, ist, dass die Dinge wieder so sind, wie sie früher einmal waren, und ich weiß, dass das nicht möglich ist. Ich rede mir ein, dass die Dinge jetzt eben so sind und dass ich es akzeptieren muss, doch ich fühle, dass meine Mutter und mein Vater mich im Stich gelassen haben. Kann es vielleicht sogar meine Schuld gewesen sein?

Allmächtiger Gott, Ich komme zu Dir mit diesen vielen gemischten Gefühlen und Gedanken. Du gebietest, dass wir unsere Eltern lieben und achten sollten, aber das ist jetzt sehr schwer für mich. Gib mir die Kraft, mich dem, was jetzt vor mir liegt, stellen zu können und hilf mir, dass die Liebe für meine Mutter und für meinen Vater andauert trotz dieser anderen Dinge, die meine Gedanken und mein Herz gerade beherrschen. Hilf meiner Mutter und meinem Vater in dem, was vor ihnen liegt. In Deiner Barmherzigkeit sei mit uns allen.

„Höre unsere Stimme, *Adonai*, unser Gott. Sei uns gnädig und habe Mitleid mit uns."[29]

---

29   Aus der Wochentagsamida, Forms of Prayer S. 82.

5. Krankheit und Heilung

Bei der Einnahme von Medizin

Unser Gott und Gott unserer Vorfahren,
möge es Dein Wille sein,
dass mein Körper
und mein Geist
geheilt werden.

Für Pflegende

Abraham Ibn Esra erinnert uns daran, dass niemand einsamer ist als diejenigen, die nur sich selbst lieben. Doch wenn Liebe Verantwortung wird, dann kann die Last der ständigen Aufgabe ebenfalls einsam machen.

****

Gott, stärke mich mit Geduld wenn ich diesen Patienten pflege.

Gott stärke mich durch die Erinnerungen an eine Zeit,
als die Person, die ich so sehr liebe, mich nicht in dieser Weise brauchte.

Gott, stärke mich durch die Unterstützung anderer,
die mir helfen, wenn ich mich schwach fühle.

Gepriesen seist Du, Gott, der denen, die andere pflegen, Kraft gibt.

In Krankheit

Gott, in meiner Krankheit wende ich mich an Dich, denn ich bin Dein Geschöpf. Deine Stärke und Dein Mut sind in meinem Geist und Deine heilenden Kräfte sind in meinem Körper. Möge es Dein Wille sein, mich wieder gesund werden zu lassen.

In meiner Krankheit habe ich gelernt, was wichtig ist und was nicht.
Ich weiß, wie abhängig ich von Dir bin.
Mein eigenes Leid und meine Ängste waren meine Lehrer.
Gib dass ich dieses wertvolle Wissen nicht vergesse,
wenn ich wieder gesund bin.

Tröste mich, Gott, und birg mich in deiner Liebe.
"Heile mich, Gott, dann bin ich geheilt.
Hilf mir, dann ist mir geholfen."[1]

Gepriesen seist du, Ewiger, unser Gott, der Kranke heilt.

1   Aus der Wochentagsamida. Jeremia 17,14.

Für eine(n) Kranke(n)

Für eine Frau:

Gott, ich bete für _____, die krank ist und Schmerzen hat. Möge es Dein Wille sein, ihr ihre Kraft zurückzugeben und sie wieder gesund werden zu lassen. Erneuere auch ihren Geist und befreie sie von der Angst, denn Du wachst über ihren Körper und ihre Seele.

Ich kann ihre Schmerzen nicht teilen, aber hilf mir, ihr Gutes zu tun, sie aufzumuntern und sie zu trösten. Schenke uns die Freude, uns einander in allen Höhen und Tiefen des Lebens beizustehen.

Gepriesen seist du Ewiger, unser Gott, der Kranke heilt.

****

Für einen Mann:

Gott, ich bete für _____, der krank ist und Schmerzen hat. Möge es Dein Wille sein, ihm seine Kraft zurückzugeben und ihn wieder gesund werden zu lassen. Erneuere auch seinen Geist und befreie ihn von der Angst, denn Du wachst über seinen Körper und seine Seele.

Ich kann seine Schmerzen nicht teilen, aber hilf mir, ihm Gutes zu tun, ihn aufzumuntern und ihn zu trösten. Schenke uns die Freude, uns einander in allen Höhen und Tiefen des Lebens beizustehen.

Gepriesen seist du Ewiger, unser Gott, der Kranke heilt.

Vor einer Operation

Gott, vor meiner Operation wende ich mich an Dich, denn du bist immer bei mir.

Du hast die heilenden Kräfte meines Körpers geschaffen und die Stärke und den Mut meines Geistes. Sie sind Deine Gaben, die mich von der Furcht zum Vertrauen tragen sollen.

Die Wunder der Wissenschaft und die Wunder der Schöpfung stehen unter Deiner Herrschaft. Ich danke Dir für die Weisheit derer, die mich behandeln, für die geschickten Hände derer, die mich operieren und für die Fürsorge derer, die mich pflegen. Sie alle helfen Dir dabei, mich zu heilen und geben mir Trost.

Gott, ich bein Dein Kind, das Du geschaffen hast. Geleite mich nun sanft in den Schlaf und lass mich in Gesundheit wieder aufwachen. Ich vertraue deiner Liebe.

In unheilbarer Krankheit

Gott, Du hast mich geschaffen. Ich wende mich zu Dir wie ein Kind. Leben und Tod liegen in Deiner Hand. Möge es Dein Wille sein, mich zu heilen und mir das Leben zu erhalten. Aber wenn es Zeit für mich ist, weiterzugehen durch den Tod in das ewige Leben, dann gib mir Mut und Zuversicht, damit diese Reise mir leichter fällt.

Vergib mir meine Sünde. Meine Seele soll rein sein, wenn sie zu Dir zurückkehrt. Behüte die, die ich liebe und die ich nun zurücklasse. Ihr aller Leben steht in Deiner Fürsorge. Durch deine Barmherzigkeit werden wir eines Tages wieder im Bund des Lebens zusammen kommen.

Meist Geist birgt sich in Deiner Hand,
stets, sei ich schlafend oder wach.
Und auch mein Leib birgt sich in Dir.
Ich fürcht mich nicht, Du bist bei mir.[2]

Gott regiert, Gott hat regiert, und regieren wird Gott bis in Ewigkeit.

Gepriesen sei Gottes ruhmreiche Herrschaft immer und ewig.
Barúch schem kewód malchutó le'olám wa'éd.

Der Ewige ist Gott.
Adonái hu ha'elohím.

Höre, Israel, der Ewige ist Gott, der Ewige alein.
Schma Jisraél, adonái elohénu adonái echád.

2 Letzte Strophe des Hymnus *Adon Olam*, mit dem viele jüdische Gottesdienste enden.

Vor einem Krankenbesuch

Ich bereite mich darauf vor, die Mitzwa von *Bikkur Cholim* zu erfüllen, indem ich
_____ besuche.

Gott, mögest Du mit den Ärzten sein, mit den Schwestern und Pflegern und
Therapeuten, die die Heilung der Kranken begleiten. Möge ich beginnen,
meine Rolle in diesem Zusammenspiel einzunehmen, wenn ich meine Zeit und
Fürsorge widme und wenn ich meine Aufmerksamkeit nun auf _____
richte in dieser Zeit ihrer/seiner Not.

Hilf mir, zuhören zu können. Hilf mir, einfühlsam zu sein mit dem Schmerz
und den Sorgen, die sie/er im Moment empfindet. Hilf mir, die anderen
Besucher darin zu bestärken, dass sie nicht allein sind in ihrer Fürsorge für

_____

„Gott ist mein Licht, mein Heil, wen fürchte ich? Gott ist meines Lebens Kraft,
vor wem erschreck ich?"[30] Wie Gott Abraham in seinem Zelt besuchte, als er von
seinem Schmerz genas[31], so möge auch mein Besuch von _____ ein
wenig den Schmerz lindern, den sie/er zur Zeit fühlt.

---

30   Psalm 27,1.
31   Gen 18,1. Der Midrasch sieht Gen 18 in Zusammenhang mit Gen 17, Abrahams Beschneidung
und der Talmud (Sota 14a) leitet von diesem Vers das Gebot des Krankenbesuchs (Bikkur Cholim)
her (A.d.Ü.).

Während einer Chemotherapie

Ich sitze hier und warte während die Medizin in meinen Körper tropft. Ich bin voller Angst und Hoffnung. Möge diese Medizin, die die Kraft hat, zu heilen und zu zerstören, sanft zu mir sein.

Gib mir die Kraft, in den nächsten Tagen, Wochen und Monaten, die Wirkungen dieser Medizin und der Krankheit aushalten zu können.

Während diese Krankheit ein Teil meines Körpers ist, hilf mir, mich kräftig zu fühlen und in Kontrolle darüber, wie ich mein Leben gestalten möchte.

Lass mich barmherzig sein mit meinen Ärzten, Krankenschwestern, Pflegern, vor allem aber mit meinem eigenen Körper.

Möge ich wissen, dass ich von Deiner Liebe umgegeben bin. Möge der Geist alter Zeiten, die Engel Michael, Gabriel, Uriel und Raphael mir ein Gespür Deiner Gegenwart geben, ein Licht am Ende des Tunnels, Heilung und Hoffnung.

Vor einer Brustamputation

Gott, wir kennen Dich als *El Schaddai*, die Quelle aller Macht und Stärke, die uns umhüllt und unterstützt, in deren Bild ich gemacht wurde. Sei mit mir in dieser Zeit des Schreckens und der Verwüstung, die so plötzlich über mich eingebrochen ist. Erinnere Dich an mich und denke an mich. Ich fühle mich so ohnmächtig. Meine Sonne ist untergegangen, während es noch Tag ist. Ich bin so verwirrt und fühle mich elend.[32] Mein Herz seufzt tief in mir, meine Augen sind eine Quelle der Tränen. Hilf mir, zu sehen, dass es die Welt immer noch gibt, dass mein Leben weitergehen wird, dass meine Persönlichkeit nicht zerstört ist.

Ich werde jetzt einen Weg gehen,
den Beschädigung und Zerstörung prägen wird, Schmerz und Kummer.
Hilf mir, das Vertrauen in jene zu behalten, die versuchen, mich zu heilen.
Hilf mir, in die Heilung zu vertrauen,
die mit solch einer Operation herbeigeführt wird.
Lehre mich, an der Persönlichkeit festzuhalten, die ich bin, und von der Angst und Einsamkeit los zu kommen, die mich zu überwältigen drohen.

Sei mit mir, *El Schaddai*, Du, der die Bedeutung meines Lebens kennt.
Gib mir Kraft und Mut, Zuversicht und Hoffnung.
Birg mich im Schatten Deiner Flügel.
Halte mich an Deiner Brust und tröste mich.

Erlöse mich von der Krankheit, ich gehe hinein in Deine schützende Gegenwart, denn Du bist mein Gott, Dein Geist ist gut.

Um Deines Namens willen, lass mich mein Leben in seiner Fülle leben können.
Um Deiner Gerechtigkeit willen, befreie meine Seele von diesem Kummer.
Und in Deiner großen Barmherzigkeit entferne mich von meinen Gegnern, zerstöre alles, was meine Seele bedrücken will, denn ich bin Deine Magd.[33]

32   In Anlehnung an Jeremia 15,9.
33   In Anlehnung an Psalm 143,9-12.

Warten während jemand operiert wird

Einen Menschen, den ich liebe, gebe ich nun in die Fürsorge medizinischer Fachleute. Ich wende mich zu Dir, Gott, voller Hoffnung und Furcht. Ich bitte Gott, diesen Ärzten Weisheit zu geben, um ihre Aufgabe zu erfüllen, sowie Mitgefühl, um ihren Patienten mit Achtsamkeit und Respekt zu begegnen.

Ich bitte Gott, _____ die Kraft zu geben für *refua schelema*, der vollständigen Heilung an Körper und Geist. Ich kann jetzt nur warten, aber ich bitte Gott um inneren Frieden, damit ich nicht in Angst warte, sondern in dem Wissen, dass der Gott Israels weder schläft noch schlummert, sondern mich im Schatten der göttlichen Flügel birgt und mich stützt in herausfordernden Zeiten.

Gepriesen seist Du, Gott, unser Leiter und Beschützer.

Für den Partner von jemandem während einer schweren Operation oder Chemotherapie

Adonai, ich stehe vor Dir heute voll mit so heftigen Gefühlen, dass ich kaum sprechen kann.

Ich bete um Kraft, da sein zu können für die Person, die ich so sehr liebe, um sie/ihn zu unterstützen in diesen schweren Zeiten.

Ich bete für das tiefe Verständnis, das von Dir kommt, das es mir ermöglicht, seine/ihre Angst wahrzunehmen, seine/ihre Sorgen zu verstehen in diesem so einschneidenden Ereignis.
Ich weiß, dass Heilung von Dir kommt, Ewiger, und ich bete, dass die Person, die ich so liebe, diese Zeit der Herausforderung mit so wenig Schmerzen wie möglich übersteht, dass sie fähig sein wird, erneut die Gelegenheit eines neu geschenkten Lebens zu preisen.

Doch Gott, ich muss auch meiner Angst Ausdruck verleihen, jener schrecklichen Sorge, dass der medizinische Eingriff nicht erfolgreich sein kann. Danke für die Möglichkeit, meine tiefsten Sorgen vor Dir in Worte fassen zu können, Du, der Du mir näher bist als mein Herzschlag.

Das Wissen, dass Du da bist, dass Du mich sanft unter den Flügeln der *Schechina* hältst, das lässt mich stark sein für die Person, die ich liebe.

Gepriesen seist Du, Ewiger, der Fallende stützt und Gebeugte aufrichtet.

Für Genesung, wenn sie möglich ist

Unser Gott, Gott der Generationen, unser Gott, Gott von allem.
Gott, Ewiger, Gott von Sara, Riwka, Leah und Rachel.
Gott von Abraham und Jizchak, von Israel.
Gott der nahe, der ferne, der liebe, der verborgene.
Gott unserer Sorgen und Gott unserer Freuden.
Gott unserer Krankheiten und Gott unserer Heilung.

Was können wir anderes bitten als nur zu weinen und zu stammeln und unser Herz vor Dir auszuschütten.

Wende Dein barmherziges Angesicht diesem Menschen zu,
lass seinen Körper genesen, lass sein ganzes Sein genesen.
Möge der Eine, der heilt,
ihn seinen Eltern, seiner Familie zurückgeben,
seinen Freunden, und der Stadt, in der er eine so wesentliche Rolle spielte.

Und, *Adonai*, Ewiger,
Gib dieser Mutter zu seiner Linken Kraft und Mut,
und seinem Vater zu seiner Rechten.
Engel der Heiligkeit,
Boten Deiner Liebe.

Gott, bitte heile ihn/sie.

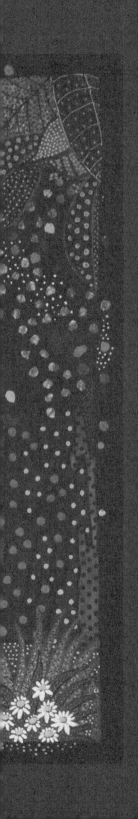

6. Geburt und Tod

Unmittelbar nach einer Geburt

Mein Kind[34], seit Monaten kenne ich dich schon.
Ich fühlte die ersten Bewegungen Deiner Glieder,
wie sie sich bildeten und hart wurden gegen meinen Körper.
Ich habe deine ersten schwachen Umrisse gesehen
auf dem Scanner im Krankenhaus.
Doch erst jetzt sehe ich dich in deiner wunderbaren Ganzheit,
deiner wunderbaren Winzigkeit, deiner wunderbaren Vollkommenheit.
Ich höre deinen Schrei, ich fühle deine Sanftheit,
ich rieche dein Neusein und ich danke.

„Unendlicher! Gott, wie mächtig ist dein Name auf Erden;
da deine Majestät am Himmel glänzt!
Der Säuglinge und der Kinder Lallen
befestigt dein Reich ...
Betracht' ich deiner Finger Werk, den Himmel,
den Mond, die Sterne, die du eingesetzt: -
was ist der Mensch, dass du noch sein gedenkest;
des Menschen Kind, dass du dich seiner annimmst?
Hast ihn den Engeln wenig nachgesetzt;
hast ihn mit Ehr' und Schmuck gekrönt."[35]

„Gott schuf den Menschen in seinem Ebenbilde,
in dem Ebenbilde Gottes schuf er ihn, männlich und weiblich erschuf er sie."[36]

„So spricht der Ewige, Dein Erlöser, der Dich im Mutterleib bildete:
Ich bin's, der Ewige, der alles schafft."[37]

---

34   Gebete zur Namengebung des eigenen oder eines adoptierten Kindes finden sich in *Seder ha-Tefillot. Das jüdische Gebetbuch I*, Union Progressiver Juden Berlin 2010 (Gütersloh 1997), S. 555ff..
35   Psalm 8,1-6 in Anlehnung an die Übersetzung Moses Mendelssohns.
36   Genesis 1,27 nach der Übersetzung Moses Mendelssohns.
37   Jesaja 44,24.

Gebet einer Mutter
zur Beschneidung ihres Sohnes

Gott und Gott unserer Vorfahren, Du hast mir das Geschenk eines Kindes gemacht in all seiner Schönheit. Nun verlangst Du ein Teil von ihm, denn du verwirfst antike grausame Bräuche und willst nur ein Teil, nicht das Ganze. Nun verlangst du Blut von ihm als eine zweite Geburt, um er selbst zu werden. Hilf mit dies als Perfektion zu verstehen, als Beitrag der Menschen als Partner der Schöpfung, mit Gott zusammenwirkend für *Tikkun Olam* (die Vervollkommnung der Welt).

Hilf mir, dies nicht zu sehen als ein Raub aus der Sphäre sanfter Kreativität in eine maskuline Welt der Brutalität, sondern als seinen Eingang in unsere reiche Erbschaft, als seine Bindung mit und an den Glauben unserer Vorfahren.

[Nimm mir die Angst, dass mein Sohn Schlimmes erleben könnte, nur weil sichtbar sein wird, dass er jüdisch ist. Lass mich mutig sein, lass mich die jüdische Tradition meiner Vorfahren wertschätzen und an der Stärke und Hoffnung teilhaben, die sie früheren Generationen zu allen Zeiten gab.][38]

Wenn andere Frauen gegenwärtig sind, sagen diese:

So wie er in den Bund eingetreten ist, so möge er in weitere Segnungen eintreten: Tora, *Chuppa*, und gute Taten.

Die Mutter sagt:

Gepriesen seist Du, lebendiger Gott, der des Bundes gedenkt.[39]

---

38   Ergänzung der Übersetzerin in Absprache mit dem Herausgeber.
39   Weitere Gebete zur Beschneidung finden sich in *Seder haTefillot*. Das jüdische Gebetbuch. Union Progressiver Juden Berlin 2010 (Gütersloh 1997), S. 558ff.

Nach einer Fehlgeburt

Ewiger Gott,
eine Zeit lang hattest Du uns Hoffnung auf neues Leben geschenkt,
hattest in uns die Erwartung auf ein neues Erwachen gelegt.
     Jetzt hast Du in Deiner Weisheit,
     diese Hoffnung von uns genommen,
     hast aus Gründen, die Du allein kennst,
     die Ankunft jener neuen Seele in unsere Welt verzögert.

Gott, wir danken Dir immer noch für die Hoffnung, die Du uns gabst,
und beten, dass Du jene Hoffnung in uns erneuern mögest, zu gegebener Zeit,
     obwohl der Schmerz über unserer Enttäuschung wirklich ist und tief
     erkennen wir doch immer noch an, dass Du unser Gott bist,
     Du erneuerst Leben jenseits des Todes.
     Du gibst, und Du nimmst,
     Du hältst alle unsere Seelen in Deiner Hand.

Möge es Dein Wille sein, uns noch einmal
     die Chance zu geben, deine Partner zu sein,
     neues Leben in unsere Welt zu bringen.

Möge es Dein Wille sein, dass wir gestärkt werden
     sowohl durch unsere Hoffnungen
     als auch durch unsere Enttäuschungen,
     und dass wir diejenigen, die wir haben, umso tiefer lieben lernen.

Gepriesen seist Du, Gott, der den Schmerz seiner Geschöpfe teilt.

Nach Schwangerschaftsabbruch

Sei mir gnädig, Gott,
denn ich bin in Not.
Mir verfällt vor Trauer Gestalt
und Geist und Leib.
Unter Kummer geht mein Leben hin,
meine Kräfte schwinden fort in Leiden.
Ich bin wie ein zerbrochenes Gefäß.
Lass mich nicht zuschanden werden, Ewiger,
denn zu Dir habe ich gerufen.

Ich sprach in meinem Zagen:
Verworfen bin ich, weg von deinen Augen.
Doch du hörtest die Stimme meines Flehens,
als ich zu dir schrie.
Es gibt solche die sagen,
‚Gott hat mich verlassen.‘
Gott, sei Du nicht fern von mir
Eile, o mein Gott, mir beizustehn!

Stelle mich wieder her zum Leben,
bring mich zurück aus den Tiefen der Erde.
Du bist meine Hoffnung.
Du hast mich erforscht und kennst mich.
Du bist vertraut mit all meinen Wegen.
Aus den Tiefen ruf ich, Gott, zu Dir,
Gott, höre meine Stimme.
Wie lange muss ich meinen Geist mit Sinnen,
mein Herz mit Sorgen täglich quälen?
Wie lange verbirgst Du Dein Antlitz vor mir?

Ich werde in Gerechtigkeit Dein Antlitz schauen.
Ich will befriedigt sein, wenn ich erwache
und Dein Abbild sehe.[1]

---

1   Um dieses Gebet zu schaffen, wurden die folgenden Psalmen benutzt:
Psalm 31, 71, 139, 130, 13, 17.

Am Sterbebett

Ich sitze mit dir _____und weiß nicht, ob du mich hören kannst.
Ich wache über dein Atmen
und frage mich, wann der letzte Atemzug kommen wird.
Wann wirst du wirklich gegangen sein? Was von dir wird bleiben, hier mit mir?

Ich sitze und erinnere mich daran, wer du warst, und wer ich war mit dir.
Jetzt sind wir beide andere, und die Verbindung zwischen uns ist anders.
Weißt du, dass ich hier bin? Und bringt es dir Trost?

Möchtest du, dass ich hinausgehe,
halte ich dich zurück, fessle dich an diesen Ort?
Ich möchte dich fragen, doch bin ich so voller Angst.
Möchtest du, dass ich hinausgehe? Bin ich dir im Weg?

Ich möchte Gott bitten, dich zu entlassen.
Ich möchte Gott bitten, mich zu entlassen,
doch ich weiß nicht, was es ist, zu dem hinein ich entlassen werde,
oder wohin du gehen wirst.

Aber jetzt sitze ich mit dir und weiß nicht, ob Du mich fühlen kannst,
ob Du fühlen kannst, wie sehr ich dich liebe,
und weine, und dich gehen lasse.

Nach dem Tod eines Haustieres

O Gott, ich trauere um den Tod meines lieben _____, der in das Leben des ewigen Friedens hinübergegangen ist. Ich danke dir für die Jahre der Loyalität und der Gemeinschaft, die wir genossen, für die Erinnerungen an die glücklichen Momente, die wir teilten. Ich will die Erinnerung an die Zeit, die wir teilten, immer wertschätzen. Mein lieber _____ wird in meinem Herzen weiterleben.

Vor einer Beerdigung

Gott, bei dir ist Barmherzigkeit. Sei bei uns, die wir uns in diesem Haus versammelt haben, in dem ein Mensch, den wir liebten, zum ewigen Leben hinübergegangen ist. Wir erinnern uns an all seine Güte. Möge die Erinnerung an ihn ein Segen für uns sein.

Lass uns nicht vergessen, dass die Seele niemals stirbt und dass dieser Mensch, den wir lieb hatten, nun in die ewige Heimat gegangen ist. Er ist in der Heimat, die du für uns alle vorbereitet hast, wenn unsere Arbeit auf der Erde getan und unsere Zeit abgelaufen ist. Öffne ihm das Tor zur Barmherzigkeit. Lass ihn in den ewigen Frieden eintreten. In deinem Licht sehen wir hinter der Grenze des Todes ein Leben, das niemals enden wird.

Dieses Haus ist mit menschlichen Händen erbaut worden. Eines Tages werden wir ein Haus betreten, das wir niemals mehr verlassen müssen, und sind umgeben von deiner Gegenwart.

"Gott ist mein Hirt, mir wird nichts fehlen.
    Er lagert mich auf grüne Weide;
Er leitet mich a stillen Bächen.
    Er labt mein schmachtendes Gemüt,
und führt mich auf gerechtem Steige,
    zu seines Namens Ruhm. -
Und ging ich auch im Todesschattental,
    so geh ich ohne Furcht,
    denn du begleitest mich.
Dein Stab und deine Stütze
    sind immerdar mein Trost.
Du errichtest mir ein Freudenmahl
    im Angesicht der Feinde zu:
Du salbst mein Haupt mit Öl,
    und schenkst mir volle Becher ein.
Mir folget Heil und Seligkeit
    in diesem Leben nach.
Einst ruh ich ewge Zeit,
    dort in des Ewgen Haus."[1]

---

1   Psalm 23 (in Anlehnung an die Übersetzung Moses Mendelssohns).

7. Mit der Welt konfrontiert sein

Vor dem ersten Starten des Motors am Tag

Bitte, Gott, möge ich mir dessen bewusst sein, dass ich eine potenziell tödliche Maschine fahre. Möge ich niemanden und nichts verletzen. Mag kein anderer Mensch mich verletzen. Wenn ich heute anderen Hilfe leisten kann, möge ich es tun. Möge ich sicher nach Hause zurückkehren am Ende des Tages.

Vor Betreten eines Flugzeugs

„Du wurdest auf Adlers Flügeln geboren"[2] Bald werde ich hoch in der Luft fliegen. Ich werde getragen sein von denselben Kräften, die Du für die Vögel des Himmels geschaffen hast, so dass sie fliegen so leicht wie Menschen gehen. Die Piloten und ihr Team werden ihre Fähigkeiten nutzen um sicherzugehen, dass ich in dieser Welt, so verschieden von der Stabilität des Bodens, sicher bin.

Wir werden alle zusammen reisen, um die Welt in Geschwindigkeiten zu überqueren, die unmöglich sind für andere Fortbewegungsweisen. Wir werden über den Wolken schweben und die Welt aus einer Perspektive sehen, die näher an Deiner ist: die trennenden Linien von Grenzen, Nationalitäten und Sprachen werden für ein paar Stunden verschwinden. Was ich unter mir sehen kann, ist eine einzige Welt und eine einzige Menschheit die in ihr lebt, dominiert von Meer, Bergen und Wald. Ich will mich in Deine Obhut begeben und das Leben derer, die mit den Fähigkeiten beschenkt wurden, die Kräfte des Fluges zu nutzen, um mich zu transportieren, raue und sanfte Luft zu durchqueren mit der Fähigkeit, die die Vögel unbesorgt teilen.

„Des Ewigen ist die Erde, und was sie füllt; die Welt und ihre Bewohner."[3] Wenn wir die Erde in dieser höheren Ebene überqueren, führe uns zu Deinem Ziel in Sicherheit.[4]

---

2   Deuteronomium 32,11.
3   Psalm 24,1.
4   Ein anderes **Gebet vor einer Reise im Flugzeug** findet sich in K.M. Olitzky / R.H. Isaacs, Kleines 1x1 jüdischen Lebens, London: JVAB, 2015, S. 186:
„Schöpfer von Himmel und Erde, lass und wohlbehalten fliegen; bewahre uns vor starken Winden und Stürmen, vor gefährlichen Situationen, die wir in den Lüften der Welt erleben können. Behüte uns, bewahre uns und alle, die im Flugzeug oder zu Wasser oder zu Land unterwegs sind, bewahre uns vor Gewalt von Feinden und Verbrechern, vor jeglichem Unglück und Schaden und vor jedem Kummer und jeder Not. Stärke die Konzentration der Piloten; leite uns wohlbehalten und mache ihre Hände umsichtig, damit sie uns auf sicheren Bahnen führen; lass uns das Gebiet unseres Wunsches wohlbehalten und gesund erreichen zum Leben und zum Frieden, denn bei Dir allein suchen wir Schutz von jeher bis in Ewigkeit, Amen." [A.d.Ü.]

Vor einer Gemeindeleitungs-Sitzung

Wir wollen in Gottes Namen zusammenkommen und bereit sein, Gottes Willen zu tun. Möge Gottes Gegenwart mit uns sein und uns dazu ermuntern, Gott und Gottes Geschöpfen in Gerechtigkeit und Liebe zu dienen. Wir wollen einander mit Achtung zuhören und weise und großzügig miteinander umgehen. Dadurch bezeugen wir, wem wir dienen und erweisen uns der Erwählung Gottes würdig. Möge keine unserer Debatten aus Ehrgeiz und Selbstverwirklichung so aufwallen wie die des Korach, sondern mögen alle unsere Debatten um Gottes Willen geführt werden, wie die von Hillel und Schammai. Mögen wir mit offenen Augen Gottes Größe erkennen auch in den kleinsten Dingen, die wir tun.

Möge das Gute in der Welt durch unsere Treue gedeihen.

Die Güte des lebendigen Gottes sei mit uns; sie unterstütze uns in unserem Werk.

Sie unterstütze das Werk unserer Hände. (Ps 90,17)

Vor einer interreligiösen Begegnung

Gott, der Du alles geschaffen hast, wir beten in Ehrfurcht zu Dir, getrieben von dem Traum, dass ein harmonisches Zusammenleben zwischen Menschen möglich ist. Wir kommen aus den unterschiedlichsten Traditionen, wir sind geprägt von gemeinsamen Glaubens- und Lebensweisheiten, aber auch von tragischen Missverständnissen; wir teilen große Hoffnungen und erste bescheidene Erfolge. Jetzt ist es für uns an der Zeit, dass wir einander im Bewusstsein unserer Vergangenheit begegnen, mit ehrlichen Absichten, mit Mut und der Bereitschaft, einander zu vertrauen, in Liebe und Zuversicht.

Lass uns das, was wir teilen, als gemeinsames Gebet der Menschheit vor Dich bringen; und lass uns das, was uns trennt, als Zeichen der wunderbaren Freiheit der Menschen ansehen. Lass uns in unserer Verbundenheit und in unserer Verschiedenheit nicht vergessen, dass Du, Gott, ein und derselbe bist.

Möge unser Mut unseren Überzeugungen gleichkommen, und möge unsere Aufrichtigkeit so groß sein wie unsere Hoffnung.

Möge unser gemeinsamer Glaube an Dich uns einander näher bringen.

Mögen unsere Begegnung mit der Vergangenheit und unsere Erfahrungen in der Gegenwart Segen bringen für unsere Zukunft.

Beim Sehen eines Feuerwehrautos oder Krankenwagens mit Blaulicht

Bitte, Gott, möge es Dein Wille sein, dass das Team rechtzeitig ankommt um die zu retten, die verletzt sind oder eingeschlossen, und gib Kraft all denen, die in diesen Unfall verwickelt sind.

Nach einer Naturkatastrophe

Ewiger, unser Fels und unsere Zuflucht, Du bist die Quelle unseres Vertrauens und unsere Hilfe. Zu Dir wenden wir uns mit unseren Gedanken und Gebeten für jene, die ihr Leben verloren.

Wir denken an die, die starben. Wir denken an die, die alles, was ihnen lieb und teuer war, verloren haben: Familie, Freunde, Zuhause, und Besitz. Wir denken an jene, deren Leben jetzt vereitelt ist durch Verlust, Leid, Krankheit und Armut und die zu Dir schrien: „Hilf uns, o Gott; Ich bin müde vom Weinen, meine Kehle ist zugeschnürt und meine Augen trüb."[5]

O Gott, sei nicht fern denen, die zu Dir schreien. Leite uns in allem, was wir für sie unternehmen. Da Du die Bedürftigen unterstützt, wenn sie rufen, mögen wir mit Großzügigkeit und Mitgefühl antworten. So wie Du Mitleid mit den Schwachen und Armen hast, so mögen auch wir helfen, das Leben jener zu retten, das in Gefahr ist, ihr Leiden erleichtern, und Hoffnung und Hilfe zu denen bringen, die überlebt haben und nun ihr Leben von Neuem beginnen müssen.

Du bist Gott; auf Dich richtet sich unser Vertrauen und unsere Zuversicht, denn Du bist unser Gott und der Fels unser Hilfe.

„Solange die Erde sein wird,
sollen Saat und Ernte,
Frost und Hitze,
Sommer und Winter,
Tag und Nacht
nicht mehr aufhören."[6]

---

5   Nach Psalm 69,2.4.
6   Genesis 8,22 nach der Übersetzung Moses Mendelssohns.

In Kriegszeiten

In diesen Zeiten des Konflikts wenden wir uns, Gott, zu Dir, dem Schöpfer aller Menschen; jeder von uns wurde in Deinem Bild geschaffen. In Deinen Augen sind wir alle gleich. Unsere Weisen lehrten: „Wer immer ein einziges menschliches Leben zerstört, dem wird es angerechnet, als habe er eine ganze Welt zerstört."[7]

Sie lehrten auch: „In dem Augenblick, als die Ägypter im Schilfmeer ertranken, wollten die Engel Gott Lobpreis singen. Doch Gott schalt sie und sagte: ‚Meine Kinder ertrinken im Meer und ihr wollt singen?!'"[8]

Sei mit Deinen Kindern aus allen Nationen und Religionen. Gib ihnen Kraft und Mut in dieser Zeit der Unsicherheit und Angst. Jeder Krieg fordert Opfer auf allen Seiten. Habe Mitleid mit ihnen und bringe diesen Konflikt schnell zu einem Ende, damit die Toten wenige sein mögen und der Schaden gering ist, damit die Tage der Gewalt und des Blutvergießens bald ersetzt werden durch Worte und Handlungen der Versöhnung. Schütze in Deiner Obhut diejenigen, die sterben, und habe Mitgefühl mit denen, die um sie trauern. Den Verwundeten an Körper und Seele bringe vollkommene Heilung, damit ihr Leben nicht zerstört wird.

Gott schafft Frieden in der Höhe.
Möge Gott uns und ganz Israel Frieden geben,
und der ganzen Welt.
Darauf sprecht: Amen.

---

7   Midrasch Awot de Rabbi Nathan 31.
8   Talmud Megilla 10b.

Die Verfasser der Gebete

Gebete, die mit einem * versehen sind, wurden erstmals an anderer Stelle veröffentlicht.

1. Situationen, die uns herausfordern
Vor einer Prüfung – Howard Cooper
Für Eltern: Vor der Prüfung meines Kindes – Sylvia Rothschild
Vor der Führerscheinprüfung – Sylvia Rothschild
Vor einem wichtigen Sportereignis– Howard Cooper
Vor einer größeren Investition – Mark Goldsmith
Nach dem Verlust des Arbeitsplatzes – Mark Goldsmith
Arbeitslos – Howard Cooper
Konkurs – David Freedman
Ruhestand* – Jonathan Magonet

2. Sich annehmen
Schlaflos – Howard Cooper
Ängste oder Panik-Attacken – David Freeman
Depression* – Alexandra Wright
Sorge oder große Schmerzen – Sylvia Rothschild
Sucht – Brian Fox
Selbstmordversuch – Brian Fox
Gedächtnisschwund – Tony Hammond
Älter werden – Maurice Michaels
Erfolg – Marcia Plumb (nach einem Lobspruch geschrieben von Patricia Tausz)

3. Besondere Momente
Für Eltern: Der erste Schultag meines Kindes – Mark Goldsmith
Geburt eines Enkelkindes – Josh Levy
Geburt eines nicht-jüdischen Enkelkindes – Helen Freeman
Unerfüllter Kinderwunsch / Erfolglose künstliche Befruchtung – Debbie Young-Somers
Nach Einreichung der Scheidung – Helen Freeman
Benutzung der Mikwe nach einer Scheidung – Marcia Plumb (nach einem Gebet verfasst von Patricia Tausz)
Kerzenanzünden am Schabbat nach dem Verlust des Partners – Sidney Kay
Zünden des Jahrzeitlichts****- Charles Middleburgh

4. Beziehungen
Nach einem Streit – David Freedman
Enttäuscht – David Freedman
Unverstanden – David Freedman
Für Eltern: Wenn Kinder das Haus verlassen – Jonathan Magonet
Für Kinder: Wenn Eltern sich scheiden lassen – David Freedman

5. Krankheit und Heilung
Bei der Einnahme von Medizin – Maurice Michaels
Für Pfleger – Miriam Berger
Vor einem Krankenbesuch – Mark Goldsmith
Während einer Chemotherapie – Marcia Plumb
Vor einer Brustamputation – Sylvia Rothschild
Warten während jemand operiert wird – Miriam Berger
Für den Partner von jemandem während einer schweren Operation oder
Chemotherapie – Helen Freeman
Für Genesung, wenn sie möglich ist – Barbara Borts

6. Geburt und Tod
Unmittelbar nach der Geburt** – Sybil Sheridan
Gebet einer Mutter zur Beschneidung ihres Sohnes – Sybil Sheridan
Nach einer Fehlgeburt*** – Walter Rothschild
Nach Schwangerschaftsabbruch – Sylvia Rothschild
Am Sterbebett – Sylvia Rothschild
Nach dem Tod eines Haustieres – Charles Middleburgh

7. Mit der Welt konfrontiert sein
Vor dem ersten Starten des Motors am Tag – Jackie Tabick
Vor dem Betreten eines Flugzeugs – Mark Goldsmith
Vor einer Gemeindeleitungs-Sitzung – Lionel Blue und Jonathan Magonet
Vor einer interreligiösen Begegnung – Jonathan Magonet
Beim Sehen eines Feuerwehrautos oder Krankenwagens mit Blaulicht – Jackie
Tabick
Nach einer Naturkatastrophe – Alexandra Wright
In Kriegszeiten – Sylvia Rothschild

* Zuerst veröffentlicht in: *Forms of Prayer*, London: The Movement for Reform
Judaism, 2008. Dt. Übers. in *Seder haTefillot. Das jüdische Gebetbuch.*
** Zuerst veröffentlicht in: Sylvia Rothschild; Sybil Sheridan (Hrsg), *Taking Up the
Timbrel*, London: SCM Press, 2000.
*** Zuerst veröffentlicht in: Jonathan Romain, *Faith and Practice : A Guide to
Reform Judaism Today*. London: The Movement for Reform Judaism, 1991.
**** Zuerst veröffentlicht in: *Seder Tefillot B'vet Evel*. London: Liberal Judaism,
1996.
Die Gebete auf S. 29, 42-45, 60-63 und 82 stammen aus *Seder haTefillot. Das
jüdische Gebetbuch.* Hg. v. Jonathan Magonet in Zusammenarbeit mit W.
Homolka. Übersetzung von A. Boeckler. Berlin: Union Progressiver Juden 2010
(1. Aufl. Gütersloh 1997). Sie wurden in Absprache mit dem Herausgeber
aufgenommen und für diese Ausgabe leicht revidiert.

Biographien der Verfasser

MIRIAM BERGER (geb. 1979), studierte Theologie an der Universität Bristol und wurde 2006 am Leo Baeck College zur Rabbinerin ordiniert. Sie ist Oberrabbinerin der Finchley Reform Synagogue.

LIONEL BLUE wurde 1981 am Leo Baeck College ordiniert. Er amtierte in kleinen progressiven Gemeinden in Europa bevor er Rabbiner der Settlement Synagogue und dann der Middlesex New Synagogue wurde. Er war Vorsitzender des Reform Bet Dins. Er wurde in England durch Radio- und Fernsehauftritte berühmt. Er schrieb zahlreiche Bücher und erhielt 1993 den Templeton Prize.

BARBARA BORTS wurde 1981 am Leo Baeck College ordiniert. Sie war Rabbinerin in Radlett and Bushey Synagogue und engagierte sich für soziale Fragen. Sie kehrte nach Nordamerika zurück und arbeitete dort als Rabbinerin sowie als Seelsorgerin und in Montreal als Lehrerin in der Erwachsenenbildung. Sie kehrte nach England zurück und wurde Rabbinerin von Newcastle Reform Synagogue. Vor kurzem erhielt sie ihren PhD in liturgischer Musik.

HOWARD COOPER ist Psychoanalytiker, Referent und Autor. Er schrieb *The Alphabet of Paradise: An A – Z of Spirituality for Everyday Life* sowie Blogs zu verschiedenen jüdischen Themen (siehe howardcoopersblog.blogspot.com).

BRIAN FOX war Rabbiner der Menorah Synagogue in Manchester und verbringt nun seinen Ruhestand in Israel. Er amtierte in Melbourne (1972-1979) und Sydney (1979-1999) und gründete jüdische Ganztagsschulen in diesen beiden Städten. Er ist leidenschaftlicher Zionist und arbeitet für die Interessen Israels. Er erhielt den „Order of Australia" (AM) für seine Arbeit im interreligiösen Dialog. Er ist verheiratet mit Dale und hat 4 Kinder und 3 Enkelkinder.

PAUL FREEDMAN studierte Physik in Bristol und Pädagogik in Cambridge und absolvierte seine Rabbinerausbildung am Leo Baeck College, wo er Biblisches Hebräisch unterrichtete. Zuvor war er wissenschaftlicher Leiter einer großen weiterführenden Schule in Gloucestershire. Er ist im Herausgeberkreis des Siddurs und Machsors von UK Reform Judaism, Vorsitzender der *Assembly of Reform Rabbis*, Rabbiner in Radlett & Bushey Reform Synagogue, verheiratet mit Vanessa und Vater von Katie und Joshua.

DAVID FREEDMAN wurde 1967 im Leo Baeck College ordiniert, war 21 Jahre lang Gemeinderabbiner und während dieser Zeit auch Universitäts- und Hospizseelsorger. Er ist professionelles Mitglied und ehemaliger Vorsitzender der *Association of Jungian Analysts*, Supervisor, Prüfer in der Ausbildung von Analytikern und "external examiner" verschiedener psychotherapeutischer

Ausbildungsstätten. Als ehemaliger Vorsitzender der *Guild of Pastoral Psychology* hält er Vorträge in ganz Europa.

HELLEN FREEDMAN wurde in Surrey geboren und ist ausgebildete Sprachtherapeutin. Nach ihrer Rabbinerordination 1990 amtierte sie in der Liberal Jewish Synagogue und ist nun in der West London Synagogue. Sie schrieb Artikel über Chochma und Heilung und über Rituale nach der Scheidung in zwei Büchern, die von Rabbinerinnen in England publiziert wurden. Ihr Interesse an Heilung motivierte sie, sich als Psychoanalytikerin ausbilden zu lassen.

MARK GOLDSMITH ist Oberrabbiner der North Western Reform Synagogue (Alyth). Er erhielt die Smicha im Jahr 1996 und amtierte anschließend sowohl in liberalen als auch in Reformgemeinden in London. Sein Hauptstudieninteresse ist die Verbindung zwischen Judentum und Arbeitsleben, vor allem im Bereich des Investment. Er war Leiter der *Rabbinic Conference of Liberal Judaism*. Er und seine Frau Nicola haben zwei Töchter.

TONY HAMMOND war Rabbiner der Bromley Reform Synagogue und trat kürzlich in den Ruhestand. Zuvor unterrichtete er englische und französische Literatur in Schulen und Universitäten. Er war Direktor und Referent für jüdische Geschichte und moderne jüdische Literatur am LJCC (vormals *Spiro Institute*).

SIDNEY KAY starb kurz nach der Veröffentlichung der englischen Ausgabe dieses Buches. Er wurde 1920 in Manchester geboren, war gelernter Ingenieur, leistete Militärdienst in der Normandie, Belgien, Holland und Deutschland, und war bei der Befreiung des Konzentrationslagers Bergen Belsen dabei. Er war 62 Jahre lang verheiratet mit Lily. Er amtierte sowohl in Reform als auch in liberalen Synagogen und war Rabbi Emeritus von Southport Reform Synagogue.

JOSH LEVY wurde 2007 am Leo Baeck College ordiniert. Er ist Mitglied des rabbinischen Teams in Alyth – North Western Reform Synagogue.

JONATHAN MAGONET war 20 Jahre lang bis zu seinem Ruhestand 2005 Principal des Leo Baeck Colleges. Er ist dort weiterhin Professor emeritus für Bibel. Er war ein Vorreiter des jüdisch-christlich-muslimischen Dialogs, ist Herausgeber der Zeitschrift European Judaism und Herausgeber der 8. Auflage von Seder haTefillot - Forms of Prayer. Zu seinen Büchern zählen „Wie ein Rabbiner seine Bibel liest" und *„A Rabbi reads the Psalms"*.

MAURICE MICHAELS kam nach einer erfolgreichen Karriere in der Industrie erst spät zum Rabbinat. Als Student und seit seiner Smicha amtierte er in der Harlow Jewish Community, in EDRS und SWESRS. Seine Hauptinteressen waren Weiterbildung und Interreligiöser Dialog. Er lehrt am Leo Baeck College und widmet seine Gebete in diesem Buch seinem verstorbenen Vater.

CHARLES MIDDLEBURGH ist Dekan des Leo Baeck Colleges und Rabbiner der Dublin Jewish Progressive Congregation. Er ist Fellow der Zoological Society of London.

MARCIA PLUMB zog nach Boston (USA) nach ihrer Tätigkeit als Rabbinerin der Southgate und District Reform Synagogue, Rabbinerin an der Akiva School und Leiterin des Spiritual Formation Programme am Leo Baeck College. Sie ist ausgebildet in *Jewish Spiritual Counselling* und bietet geistige Einzel- und Gruppenberatung an. Geboren wurde sie in Houston, Texas, und publizierte Artikel in zahlreichen Büchern und Zeitschriften.

JONATHAN ROMAIN ist Rabbiner von Maidenhead Synagogue. Er schreibt regelmäßig für *The Times, Guardian* und *Jewish Chronicle* und erscheint im Radio und Fernsehen. Zu seinen neun Büchern zählen *The Jews of England* und *Faith and Practice : A Guide to Reform Judaism today* (Deutsch: Progressives Judentum Leben und Lehre, 1999). Er wurde für seine Arbeit mit gemischtreligiösen Paaren mit dem MBE ausgezeichnet. Er ist Seelsorger der Jüdischen Polizeivereinigung.

SYLVIA ROTHSCHILD wuchs in Bradford auf. Sie wurde 1987 ordiniert und amtierte 15 Jahre lang in der Bromley Synagogue und wurde dann Wegbereiterin eines neues Modell des Rabbinats, indem sie sich mit Sybil Sheridan in Wimbledon den Job teilte. Ihr Interesse, neue Gebete zu schreiben, wurde in ihrer ersten Woche als Rabbinerin angeregt, als sie entdeckte, dass es keine Beerdigungsrituale für eine Fehlgeburt gab. Seitdem verfasst sie neue Gebete.

WALTER ROTHSCHILD, wurde 1954 in Bradford geboren. 1984-1994 amtierte er als Rabbiner in der Sinai Synagogue in Leeds (sowie den Gemeinden in Bradford, Hull und Sheffield), dann in Gemeinden in Wien, Aruba, Berlin, München, Schleswig-Holstein, Köln, Halle, Freiburg. Seine Doktorarbeit (Kings College London) war eine Untersuchung über „Palestine Railways 1945-1948". Er ist Herausgeber von Harakevet, einer Zeitschrift über Eisenbahnen im Vorderen Orient. Er veröffentlichte Tales of the Chutzper Rebbe, Auf das Leben!, 99 Fragen zum Judentum und Der Honig und der Stachel, sowie zahlreiche Artikel, Gedichte, Lieder, und Übersetzungen.

SYBIL SHERIDAN war Dozentin für Theologie und Religionswissenschaft an der Universität Cambridge. Sie wurde 1981 am Leo Baeck College ordiniert. Sie amtierte als Rabbinerin in Ealing Liberal Synagogue, the Thames Valley Progressive Jewish Community und Wimbledon and District Synagogue (Reform). Zur Zeit arbeitet sie sowohl mit Gemeinden in Finchley als auch in Newcastle. Als ehemalige Dozentin am Leo Baeck College und am Muslim College schrieb sie das Buch *Stories from the Jewish World*. Sie ist Herausgeberin des Buches *Hear Our Voice* und Mitherausgeberin von *Taking up the Timbrel*.

JACKY TABICK ist Vorsitzende des *Beit Din* von *Reform Judaism*. Sie ist verheiratet mit Larry, einem Reform Rabbiner in Hampstead und Mutter dreier erwachsener Kinder. Jackie erwarb ihre Smicha von Leo Baeck College 1975 und arbeitete seitdem in verschiedenen Gemeinden. Sie interessiert sich ebenfalls für interreligiösen Dialog und soziale Gerechtigkeit, sie ist Patron von JCore, ist im Vorstand des Interfaith Networks und Vorsitzende des *World Congress of Faiths*.

ALEXANDRA WRIGHT studierte für das Rabbinat am Leo Baeck College und wurde 1986 ordiniert. Sie amtierte als Associate Rabbi in der Liberal Jewish Synagogue, bevor sie 1990 nach Radlett und Bushey wechselte. Sie kehrte 2004 als Oberrabbinerin zur Liberal Jewish Synagogue zurück und war die erste Frau in England, die einen solchen Posten besetzte.

DEBBIE YOUNG-SOMERS wurde 2009 am Leo Baeck College ordiniert und arbeitet als Direktorin für Religionspädagogik für Reform Judaim. Zuvor arbeitete sie in verschiedenen interreligiösen und pädagogischen Stellen und amtierte bereits als Studentin in verschiedenen Gemeinden. Sie interessiert sich besonders dafür, einen progressiven Zugang zur Benutzung der Mikwe zu entwicklen sowie allgemein für kreative Rituale.

Bildnachweis

RICHARD ERNST - Der 1959 in Freiburg i.Br. geborene und im benachbarten Kaiserstuhl aufgewachsene Künstler Richard Ernst, ist seit mehr als 30 Jahren von Beruf Gärtner und wohnt in Badenweiler, wo er mittlerweile seit mehr als 26 Jahre im Kurpark arbeitet. Er ist Begründer der CHAWURAH GESCHER e.V. in Freiburg, einer jüdischen - egalitären, nicht-orthodoxen kleinen Gemeinde. Er war jahrelang Vorstandsmitglied und engagiert sich im Interreligiösen Dialog. Richard Ernst ist auch Mitglied der Jüdischen Gemeinde Emmendingen.

Sein Beruf, seine Eindrücke aus verschiedenen Regionen und Reisen spiegeln sich in seinen Bildern. Landschaften, Bäume, Blumen, religiöse Symbole und andere persönliche Eindrücke sind ein Teil seiner Inspirationen zu seinem Hobby, der Malerei. In der Zwischenzeit sind mehr als 100 Bilder, Skizzen, Objekte etc. entstanden, die die Interpretationen des Gesehenen, Erlebten und Gedachten nicht einfach in konventionellen Stilrichtungen zuordnen lassen. „Naiver Surrealismus" ? In der Auseinandersetzung mit den Bildern von R. Ernst besteht für den Betrachter Platz für Phantasie. In den letzten Jahren beschäftigte er sich auch mit der digitalen Fotographie, deren Bearbeitung u.v.a.m., die Ergebnisse sind bisher noch keinem größeren Publikum gezeigt worden, sind im Aufbau und werden zunächst nur punktuell ausgestellt werden. Die Ergebnisse sind eine weitere Inspiration für Arbeiten mit Farbe und Leinwand. Der Künstler war in den vergangenen Jahrzehnten bei zahlreichen Einzelausstellungen vertreten, so in Essen, Darmstadt, Ihringen, Oberbergen, Badenweiler, Burkheim, Freiburg, Berlin, Müllheim und Lörrach. In der Zwischenzeit wurde der Klett-Verlag auf ihn aufmerksam, so dass 2013 in einem Schulbuch für den Ethik-Unterricht sieben Bilder der „Schöpfungsgeschichte" abgedruckt wurden. Richard Ernst ist Mitglied der Künstlergruppe in und um Badenweiler. Weitere Ausstellungen sind geplant. Weitere Informationen sind über die Webseite: www.richard-ernst.de abrufbar.

Cover
Ausschnitt aus: Schalom UBracha

Jüdisches Beten
xii "Misrach"
xxx Hawdala (SW) [nur in print edition]
xxxi Synagoge Sulzburg (Schwarzwald) [nur in print edition]

1. Situationen, die uns herausfordern
2-3 "Im Lautenbrunner Tal"
8 Schmetterling auf Blüte [nur in print edition]
9 Lac Blanc (Foto, SW)
15 Berührung und Wandlung [nur in print edition]

2. Sich annehmen

16-17 "Nachts - Im Paradiesgarten"
20 Sonne durch den Nebel (SW)
21 Hummel auf Blüte [nur in print edition]

3. Besondere Momente

30-31 "Naive Dämmerung"
36 Farn (SW)
37 Cosmea [nur in print edition]

4. Beziehungen

42-43 "Magic Hands"
46 Spuren im Schnee (SW)
47 Klatschmohn [nur in print edition]
51 Schneebruch

5. Krankheit und Heilung

52-53 "Der Wunderbaum"
56 Holz am Wasser (SW)
57 Lilie mit Biene [nur in print edition]

6. Geburt und Tod

64-65 "Im Wald"
70 Dahlie [nur in print edition]
71 Wendeltreppe (SW)

7. Mit der Welt konfrontiert sein

74 "Durch die Blume gesprochen..."
80 Baum mit Sonne [nur in print edition]
81 Am See (Nonnenmattweiher) (SW)
83 Tor
96-97 Schalom UBracha

Lightning Source UK Ltd.
Milton Keynes UK
UKOW07n0834041015

259750UK00002B/2/P